ÉLÉMENS

DE LA

CONSTITUTION FRANÇOISE.

ÉLÉMENS

DE LA

CONSTITUTION FRANÇOISE,

A L'USAGE

DES JEUNES CITOYENS;

Par M. l'Abbé GALLET.

Nisi utile est quod facimus, stulta est gloria.
PHEDRE.

A LYON,

Chez J. S. GRABIT, Imprimeur-Libraire, Grande
rue Merciere.

M. DCC. LXXXXI.

AUX REPRÉSENTANS

DE LA

NATION FRANÇOISE.

Messieurs,

En vous déclarant les généreux Défenseurs de la Liberté, vous avez procuré
au Peuple François un des grands bienfaits de l'Humanité : mais cette Liberté
qu'on entend préconiser de toute part,
que seroit-elle si vous n'eussiez en même

temps rétabli ses autres Droits ? L'Homme rappellé au don précieux de l'égalité naturelle aux yeux de la Loi, les distinctions sociales fondées uniquement sur l'utilité commune, sur les talens et les vertus, tous les Citoyens également appellés aux honneurs, aux emplois d'après leur mérite; leurs personnes, leurs propriétés mises à l'abri de toute oppression, de toute injustice, sous la protection des Lois; les contributions publiques supportées par le Riche dans la proportion de ses richesses; le Commerce vivifié et dégagé des entraves fiscales; l'Agriculture remise en honneur et soulagée de l'énorme fardeau de la féodalité; l'Homme enfin redevenu Homme, recevant une nouvelle création, recouvrant ses premiers droits, sa première dignité, et n'ayant plus à rougir que de la lâcheté et du vice : voilà, MESSIEURS, la grande regénération qui vient de s'opérér par vos travaux au milieu de nous. L'Homme s'appartient tout entier à lui-même, et s'il est toujours comptable de ses actions à Loi ; s'il lui cede une légere partie de sa liberté, ce n'est que pour rendre ses autres droits plus respectables et plus sacrés. Et tels sont encore les effets précieux de la Déclaration que vous avez faite des Droits de l'Homme vivant en société, que la Loi elle-même y est déclarée comptable aux Droits sacrés de l'Humanité : bienfait inestimable, qui est le fondement de tous les autres, dont chaque Citoyen doit être pénétré, que nous ne devons cesser de publier, que tous doivent méditer, mais que plusieurs ne comprennent pas dans toute son étendue.

C'est pour en faciliter la connoissance et rendre ces principes familiers au plus grand nombre des Citoyens, et sur-tout à la Jeunesse Françoise, que j'ai entrepris de les expliquer sous la forme la plus simple et la plus instructive. Si le Chrétien a son Catéchisme, et si on l'instruit, dans cette forme, de la Religion révélée de nos Peres, pourquoi ne l'emploiroit-on pas pour instruire le Citoyen de la Religion de la Nature ? L'Homme ignorant comprendra le bienfait inestimable de la Constitution, se connoîtra lui-même, s'estimera selon sa propre valeur, et saura jusqu'à quel terme il doit des sacrifices à la Société. La Jeunesse y puisera les principes d'une métaphysique saine et utile, d'une politique sage et raisonnée ; se pénétrera de bonne heure de la connoissance de ses droits et de ses devoirs dans la Société, et n'oubliera jamais, en étudiant le bienfait, l'étendue de la reconnoissance qu'elle doit aux Représentans de la Nation qui le lui ont procuré.

La nature de l'Homme, ses facultés, soit spirituelles, soit corporelles.

Sa destination au bonheur, les moyens qui doivent l'y conduire, et sur-tout le bon usage qu'il doit faire de ses facultés pour y parvenir.

Les avantages que, dans cette vue, lui présente la Société, qui s'établit la conservatrice de ses droits.

Le Contrat social entre la Société et le Citoyen, les conditions réciproques qu'exige la Société du Citoyen pour le bonheur de tous, et celles que le Citoyen exige de la Société pour sa propre sûreté et liberté.

Quel est d'après ce Contrat, le premier Souverain d'un Empire, en qui résident primitivement tous les pouvoirs; et quels sont les fondemens de la Constitution sociale.

Les bienfaits de la Constitution Franx

çoise, qui ne fonde ses Lois que sur les droits sacrés et imprescriptibles de l'Homme.

Ces mêmes droits dérivés de sa nature, déclarés authentiques à la face de l'Univers, et sous les auspices de l'Etre Suprême.

Les différentes formes de gouvernement, qui dépendent de la distribution des différens Pouvoirs, et quelle est la forme du Gouvernement François.

Le Pouvoir Législatif, sa nature et ses droits.

Le Pouvoir Exécutif, son unité, sa promptitude, et la responsabilité de ses Agens.

Les moyens du Pouvoir Exécutif pour l'exécution de la Loi, dans les Corps Administratifs, qui sont ses organes et ses agens ; les fonctions de ces Corps, leur surveillance et dépendance mutuelles.

Les moyens du Pouvoir Exécutif pour

le maintien de la Loi, dans les Corps armés, extraits de la force publique ; qui sont les Gardes Nationales, pour le bon ordre et la paix intérieure ; et l'Armée ou les Troupes de Ligne destinées essentiellement à repousser les ennemis du dehors.

Le Pouvoir Judiciaire, son origine, sa nature, l'utilité et la compétence des Tribunaux, les fonctions et les devoirs des Juges et des Officiers chargés du ministere public.

La nécessité d'une Religion qui doit donner aux Lois leur sanction véritable dans tous les cœurs, sans laquelle il n'y a ni bonnes mœurs, ni Lois, ni gouvernement dans un Etat.

La Constitution Civile du Clergé, et quelles sont, d'après les principes de la raison et de la Foi Chrétienne, les limites des deux Puissances.

Enfin, les principaux devoirs du Citoyen, soit envers la Société, soit envers chaque individu de la Société, devoirs principalement fondés sur l'amour de la Patrie et l'attachement à la Religion.

Voilà, Messieurs, quels sont les objets que je me suis proposés de mettre à la portée du plus grand nombre. Il ne faut ici pour être utile ni de grands mouvemens, ni de sublimes tableaux, ni une profonde éloquence ; mais il faut de la clarté, de la précision, de la simplicité, de la méthode (*). Chargé de l'éducation d'une jeunesse précieuse à la Société, il m'a paru utile de l'instruire sur les bases soli-

---

(*) Des principes métaphysiques sur la nature de l'Homme, sur le Contrat Social, sur les différentes formes de Gouvernement, etc. ne sauroient être mis à la portée de la plus simple enfance ; mais parvenus à l'âge de onze à douze ans et aux classes de 4e. et 3e., il n'est aucun enfant qui ne puisse comprendre ce que nous en disons, avec encore plus de facilité qu'il ne saisit les principes abstraits et métaphysiques des Rudimens et Méthodes.

des d'une Constitution qui doit faire son bonheur, de faire germer dans son cœur l'amour et la fidélité qu'elle lui doit, et de lui inspirer de bonne heure les sentimens de reconnoissance que méritent vos travaux. Heureux, si j'ai pu approcher du but que je me suis proposé, et obtenir vos suffrages ! ce seroit la plus douce satisfaction que puisse goûter un Citoyen honnête, un véritable ami de la Constitution ; c'est aussi la seule récompense qu'ambitionne celui qui, plein de l'admiration la plus vive pour votre sagesse et vos lumieres, est avec un profond respect,

MESSIEURS,

Votre très-humble et très-obéissant serviteur,

L'Abbé G A L L E T,

Directeur du Pensionnat et Sous-Principal du Collége de Vienne.

DU PROCÈS-VERBAL

DE

L'ASSEMBLÉE NATIONALE,

Du quatorze Août 1790,

EST EXTRAIT CE QUI SUIT:

IL a été fait lecture, par l'un des Secrétaires, d'une Adresse faite par le sieur GALLET, Prêtre, Directeur du Pensionnat et Sous-Principal du Collége de Vienne, par laquelle il supplie l'Assemblée Nationale d'agréer l'hommage qu'il lui fait d'un Ouvrage ayant pour titre : *Élémens de la Constitution Françoise, à l'usage des jeunes Citoyens,* Ouvage de sa composition.

Collationné à l'Original par nous Secrétaires de l'Assemblée Nationale.

A Paris, le 16 Août 1790.

DINOCHAU, Secrétaire.

CHARLES-CLAUDE DELACOUR, Secrétaire.

DEKEYSPOLER, Secrétaire.

ALQUIER, Secrétaire.

BUZOT, Secrétaire.

TABLE DES ARTICLES.

ÉLÉMENS

ÉLÉMENS

DE LA

CONSTITUTION FRANÇOISE,

A L'USAGE DES JEUNES CITOYENS.

ARTICLE PREMIER.

De l'Homme.

D. Qu'est-ce que l'Homme ?

R. C'est une créature raisonnable, composée d'une ame et d'un corps.

D. Pourquoi dites-vous que l'Homme est une créature ?

R. Parce qu'il est évident que l'Homme n'a pu se donner l'existence à lui-même; et que s'il existe, c'est par la vertu d'un Être infiniment puissant qui l'a tiré du néant.

D. Quel est cet Être puissant qui a tiré l'Homme du néant ?

R. C'est Dieu, l'Être suprême, par qui le monde visible a été produit, qui a

A

donné l'existence à toutes les créatures, et qui les conserve à chaque instant.

D. Pourquoi dites-vous que l'Homme est une créature raisonnable ?

R. Parce qu'il a la faculté de penser, de connoître, de réfléchir et de combiner ses idées : il peut ainsi acquérir toutes les connoissances nécessaires à son bonheur.

D. Comment appellez – vous dans l'Homme cette substance qui pense et qui combine ses pensées ?

R. C'est son ame, qui est un être simple et indivisible, et qui joint à la faculté de penser celle de vouloir ou de rejeter les objets qu'elle connoît.

D. Comment appellez-vous ces deux facultés de notre ame ?

R. La première s'appelle l'intelligence, par laquelle nous pensons et nous raisonnons ; et la seconde la volonté, par laquelle nous désirons ou nous repoussons les objets que nous fait connoître notre intelligence.

D. Pourquoi dites-vous que l'ame est un être simple et indivisible ?

R. Parce qu'elle n'est pas composée de parties comme notre corps ; et que tout comme nos pensées et notre volonté sont indivisibles, de même notre ame qui les produit est simple et indivisible ; c'est-à-dire, que tout comme on ne peut pas prendre la moitié, le tiers, ou le quart d'une pensée, d'un désir ou d'une volonté , de même on ne peut pas prendre la moitié , ni le tiers , ni le quart de notre ame.

D. De ce que notre ame est simple et indivisible quelle vérité s'ensuit-il ?

R. Il s'ensuit qu'elle ne peut pas périr , comme notre corps , par la dissolution ou la séparation de ses parties , puisqu'elle n'en a pas ; et qu'elle ne peut être détruite et réduite au néant que par la même puissance qui l'en a tirée : c'est ce qui fait dire que notre ame est naturellement immortelle.

D. Puisqu'il n'y a que l'Être suprême qui puisse détruire notre ame , pensez-vous qu'il la détruise réellement au moment de notre mort ?

R. La raison et la religion nous enseignent le contraire.

D. Comment cela ?

R. C'est que Dieu en donnant à notre ame la volonté , il lui a donné une volonté libre , c'est-à-dire , capable de vouloir le bien et de rejeter le mal , ou de choisir , de son propre mouvement , entre le bien et le mal que son intelligence lui présente.

D. Que s'ensuit-il de là ?

R. Il s'ensuit que l'Homme est capable de mériter ou de démériter , digne de récompense ou de punition ; et que , comme l'expérience nous apprend que la récompense et la punition n'ont pas toujours lieu dans ce monde , la justice de

Dieu exige qu'il conserve notre ame après notre mort, pour la punir ou la récompenser selon ses mérites.

La révélation vient à l'appui de cette vérité, et nous enseigne que notre ame est immortelle et qu'elle sera éternellement punie ou récompensée de ses actions.

D. Comment appelle-t-on un être capable de mériter ou de démériter ?

R. On l'appelle un être moral.

D. Les animaux ne sont-ils pas aussi des êtres moraux ?

R. Quoique les animaux aient des idées sur les objets qui les frappent, ils n'ont pas la réflexion, c'est-à-dire, la faculté de comparer et de combiner leurs idées ; et ils ne sont déterminés au choix d'un objet que par le sentiment de leur besoin. Ils ne sont donc pas libres et des êtres moraux comme l'Homme.

A R T I C L E I I.

De la destination de l'Homme au bonheur.

D. P**UISQUE** l'Homme est capable de mériter ou de démériter, quelle est la fin à laquelle Dieu l'a destiné ?

R. Dieu étant un être essentiellement

bon na pu se proposer que le bonheur de l'Homme, soit pour la vie présente, soit pour la vie future.

D. Par quels moyens l'Homme peut-il parvenir au bonheur dans la vie présente?

R. Par le bon usage de ses facultés, soit spirituelles, soit corporelles.

D. Quel est l'usage que l'Homme doit faire de son intelligence?

R. Il doit l'appliquer à la connoissance de la vérité, à la distinction du bien et du mal, et à la recherche de tout ce qui peut le retirer de l'ignorance profonde dans laquelle il est né.

D. Y a-t-il des vérités bien certaines et un bien qui soit distingué du mal?

R. Il y a des vérités éternelles de raison, d'ordre, de justice, que nous ne pouvons pas ignorer en écoutant les lumieres de notre intelligence, et que Dieu a gravées dans notre ame, de maniere à ne pouvoir en douter de bonne foi.

D. Donnez-en des exemples?

R. C'est une vérité éternelle de dire, Que le tout est plus grand que sa partie: Qu'un Être qui n'existe pas n'a aucun pouvoir, et ne peut se donner l'existence à lui-même: Que la créature est inférieure au Créateur. Voilà des vérités de raison éternelle. En voici qui sont d'une justice éternelle: Il faut être reconnoissant envers celui qui nous fait du bien:

La créature doit au Créateur la soumission, le respect et l'adoration : Il faut faire du bien à nos semblables, et il ne faut pas leur faire ce que nous ne voudrions pas qu'on nous fît à nous-mêmes : Il est beau de faire du bien même à ceux qui nous ont fait du mal.

D. Pourquoi appellez-vous ces vérités éternelles ?

R. Parce qu'en tout temps et dans toute circonstance elles sont toujours vraies.

D. Quel est l'usage que l'Homme doit faire de sa volonté ?

R. C'est en connoissant ce qui est bien, de l'aimer et de s'y attacher ; de remplir envers le Créateur les devoirs d'un enfant reconnoissant, et envers ses semblables, les vertus morales et sociales, qui feroient le bonheur de tous, si chacun étoit attentif à les pratiquer.

D. Quel est l'usage que l'Homme doit faire de ses facultés corporelles ?

R. C'est 1°. de s'adonner au travail, pour lequel il a été créé, et de se procurer ainsi la nourriture et la subsistance nécessaire : 2°. de ne faire usage de ses sens que conformément à la raison ; celle-ci devant toujours être la maîtresse et les dominer, comme lui ayant été donnée pour les gouverner.

D. Quel est donc le bonheur que peut nous procurer le bon usage de nos facultés, soit spirituelles, soit corporelles ?

R. La connoissance de la vérité, en satisfaisant agréablement notre esprit, nous fait distinguer ce qui est bien d'avec ce qui est mal, ce qui est utile, d'avec ce qui est nuisible, et nous apprend l'usage que nous devons faire des créatures pour notre bonheur : l'exercice des vertus nous procure la paix et la joie du cœur, et nous rapproche de la Divinité, à qui la pratique du bien plaît infiniment. Enfin le bon usage des facultés corporelles nous procure la force, l'adresse et la santé.

Tous ces avantages réunis font jouir l'Homme du plus grand bonheur possible dans ce monde : car nous ne sommes point capables ici-bas d'un bonheur parfait, que nous ne pouvons espérer que dans une autre vie.

ARTICLE III.

Des avantages de la Société.

D. QUELS secours l'Homme peut-il avoir pour perfectionner ses facultés naturelles ?

R. Ce sont les secours de tout genre que lui présente la société, soit pour son instruction, soit pour sa perfection dans le bien, soit enfin pour satisfaire à tous ses besoins naturels et légitimes.

A 4

D. Quels secours la société nous présente-t-elle pour notre instruction ?

R. Elle nous offre toutes les connoissances de ceux qui ont vécu avant nous, soit des sciences, soit des arts ; connoissances précieuses, puisqu'elles nous dispensent de chercher et d'inventer pour satisfaire à nos besoins les plus pressans ; connoissances agréables, puisquelles ne sont pas seulement des objets de premiere nécessité, mais d'une infinité d'objets du plus grand agrément, et qui en quelque sorte font de l'Homme, aujourd'hui, le Maître et le Roi de la nature.

D. Quels secours nous offre la société pour notre perfection dans le bien ?

R. 1°. Pour la connoissance de nos devoirs, qu'un Homme seul et abandonné à lui-même a bien de la peine à connoître, elle nous offre toutes les lumieres des Sages qui nous ont précédés, et les principes d'une Religion revélée dans laquelle sont renfermés toutes les maximes qui peuvent faire le bonheur de la société.

2°. Elle nous donne un motif puissant pour faire le bien, dans le témoignage de notre conscience et dans l'estime et la bonne opinion de nos semblables : sentimens flateurs et bien propres à obtenir de nous les plus grands efforts de courage et de vertu.

D. Quels secours nous présente la société pour nos besoins corporels ?

· *R.* Ces secours sont multipliés et inappréciables dans tous les genres. Pour bien les connoître, il faudroit comparer l'état d'un Homme sauvage, abandonné à lui-même, à ses propres connoissances, à ses propres forces, avec l'état d'un Homme vivant en société. Le premier, obligé de se procurer chaque jour une nourriture incertaine et grossiere, avec beaucoup de peine et de dangers, exposé aux injures de l'air, à l'intempérie des saisons, n'ayant de retraite que celle qui est destinée aux animaux les plus féroces, traîne une vie pleine de maux et de miseres: dans son enfance, il échappe comme par hasard aux dangers multipliés qui la menacent; dans l'âge viril, il est accablé de fatigues pour se procurer les alimens les plus nécessaires; et dans sa vieillesse il succombe sous le poids du travail, et se voit exposé à chaque instant à périr pour ne pouvoir pas satisfaire aux besoins les plus urgens.

L'autre au contraire voit à chaque instant la société, comme une seconde mere, le prévenir dans tous les temps, à tous les âges; n'exiger de lui que le travail le plus ordinaire pour lui procurer une nourriture infiniment plus agréable et plus saine, enfin le faire jouir des commodités de toute espece que l'Homme de la nature est condamné à désirer en vain, s'il vient même à bout d'en soupçonner l'utilité.

D. La société ne nous procure-t-elle pas d'autres avantages ?

R. Elle nous procure encore la sûreté et la liberté : la sûreté de notre personne, de notre vie et de nos propriétés, et la véritable liberté de nos actions et de nos dispositions : avantage dont est entiérement privé l'Homme sauvage.

D. Comment la société nous procure-t-elle la sûreté de notre personne ?

R. En la mettant à l'abri de toute persécution et de toute violation sous la protection des lois, et punissant quiconque voudroit y attenter.

D. Comment la société nous procure-t-elle la sûreté de nos biens ?

R. En déclarant nos propriétés inviolables comme ne pouvant légitimement appartenir qu'à nous.

D. Qu'est-ce qu'une propriété ?

R. C'est ce qui est à nous, ce qui nous appartient par le droit naturel même antérieurement à toute loi de société. Ainsi le champ qu'un Sauvage auroit cultivé dans un pays inhabité, l'habitation qu'il s'y seroit procurée, la proie dont il se seroit emparée, sont autant de propriétés pour lui, qu'on ne pourroit lui ravir sans injustice : ainsi dans la société l'héritage de nos peres, le salaire quelconque de notre travail, le don que l'on nous fait librement, légitimement et sans condition, tout cela est notre propriété ; car quel autre la posséderoit à un titre plus légitime , et qui pourroit nous la ravir sans blesser les premieres notions de la justice ?

D. Ce n'est donc pas la société qui nous donne des propriétés ?

R. La société nous fournit les moyens d'en acquérir, et protege celles qui nous appartiennent à un titre naturel et légitime.

D. Comment la société protege-t-elle notre liberté ?

R. En nous donnant le pouvoir de penser , d'agir et de disposer de ce qui nous appartient comme bon nous semble , pourvu qu'en tout cela nous ne fassions rien contre la loi , et qui puisse nuire à autrui.

ARTICLE IV.

Du Contrat social.

D. PUISQUE nous ne devons rien faire contre la loi et qui nuise aux autres , la société gêne donc notre liberté ?

R. Il est vrai que la société gêne notre liberté ; mais elle le doit pour le bonheur de chacun et pour celui de tous.

D. Démontrez-nous comment ?

R. C'est-que pour le bonheur de tous il ne suffit pas d'avoir la liberté ; il faut encore que chacun ait la sûreté de sa personne et de ses propriétés ; or si nous avions une entiere liberté , comme d'attaquer notre semblable et de lui ravir ce qui lui appartient , celui-ci auroit le même droit sur nous ; il n'y auroit donc plus de sûreté et plus de bonheur pour personne.

D. En quoi consiste donc la liberté que doit procurer la société ?

R. Elle consiste, comme nous l'avons dit , à être entiérement les maîtres de nos pensées , de nos actions , de nos disposi- tions , pourvu qu'en tout cela nous ne fassions rien qui nuise à la sûreté d'autrui, et c'est en quoi consiste la véritable liberté.

D. Mais ma liberté seroit bien plus grande, si je pouvois attaquer autrui et lui enlever ce qui lui appartient ?

R. Ce ne seroit plus alors la véritable liberté : ce seroit la licence que la société et ses Lois doivent réprimer , pour main- tenir la sûreté qu'elle doit à tous ses mem- bres.

D. Un Sauvage qui peut faire tout ce qu'il veut , n'auroit-il pas une plus grande liberté que l'Homme vivant en société ?

R. Un Sauvage auroit une plus grande licence , et non pas une plus grande liber- té ; et cette licence feroit son plus grand malheur.

D. Comment cela ?

R. C'est que si le Sauvage a la liberté d'attaquer son semblable , celui-ci , à son tour , a le même droit sur lui ; de sorte qu'il n'y auroit plus de sûreté ni pour l'un ni pour l'autre : or sans la sûreté de sa personne et de ses propriétés , il ne peut y avoir de bonheur pour aucun.

D. Un Homme cependant est bien libre de se retirer de la société et de vivre seul dans les bois ?

R. Un tel Homme vivant seul , sans protection et sans défense, s'exposeroit à de si grands dangers et renonceroit à de si grands avantages , dont nous avons parlé , que cette démarche seroit le comble de la folie ?

D. L'Homme a donc été créé pour vivre en société ?

R. La perfection de ses facultés naturelles , sa sûreté , sa liberté , son propre bonheur , tout lui en fait un besoin. On peut donc assurer que l'Homme est destiné par sa nature à vivre en société avec ses semblables.

D. Mais n'a-t-on pas trouvé des Hommes sauvages en Amérique , lors de sa découverte , et dans d'autres contrées ?

R. On a trouvé des Hommes dont la société étoit moins civilisée et moins parfaite que la nôtre ; mais on n'en a trouvé aucuns qui n'eussent des loix et des rapports de société entr'eux , et même qui n'eussent une connoissance , quoique bien grossiere , de la Divinité, et un culte extérieur envers l'Être suprême.

D. Destinés à vivre en société sommes-nous tenus d'observer les Loix que la société nous impose ?

R. Nous y sommes obligés par le contrat réciproque passé entre la société et nous : la société s'oblige envers nous de nous procurer la sûreté, la liberté et les autres avantages dont nous avons parlé ; et nous envers elle, nous nous obligeons d'observer les Loix qu'elle nous impose, pour le maintien de la liberté et de la sûreté de tous. En résistant à ses Loix nous sommes donc criminels à ses yeux, et nous méritons les peines qu'elle impose aux prévaricateurs.

D. Quelle est donc l'origine de ce contrat social ?

R. Son origine est dans le besoin naturel qu'ont les Hommes de se réunir pour vivre en société.

Et pour mieux le comprendre, essayons de nous faire une idée de l'origine des sociétés. Voici ce qu'en dit le sage Auteur de la Déclaration des droits de l'Homme, mise à la portée de tout le monde.

" Supposons qu'il fut un temps où cha-
" que Homme vivoit seul errant dans les
" forêts qui couvroient la terre, ne con-
" noissant point l'art de cultiver, et se
" nourrissant de tout ce qu'il pouvoit ren-
" contrer pour sa pâture.

" Ces Hommes sauvages et isolés
" étoient en petit nombre ; ils se livroient
" les uns contre les autres à leur férocité,

» que le besoin augmentoit encore. Si l'un
» avoit trouvé quelque nourriture, l'autre
» cherchoit à la lui enlever. Si l'un avoit
» une compagne, l'autre l'attaquoit pour
» la lui ravir : et la loi du plus fort déci-
» dant toujours les combats, sans-cesse
» renouvellés, chaque jour le sang cou-
» loit, et chaque Homme pouvant toujours
» en trouver un plus fort que lui, trem-
» bloit à chaque instant de se voir enlever
» ce qui lui appartenoit ou de perdre la
» vie en voulant se défendre.

» La faculté de raisonner, accordée aux
» Hommes par l'Être suprême, leur fit
» bientôt sentir le malheur et les dangers
» d'une pareille existence.

» Le don d'exprimer sa pensée et de la
» communiquer aux autres par la parole,
» facilita l'exécution de l'idée qui vint à
» ces êtres malheureux de se réunir plu-
» sieurs ensemble, pour résister avec
» succès à ces attaques continuelles.

» Telle fut la premiere origine des socié-
» tés : le désir de garder sa propriété avec
» sûreté et de résister à l'oppression du
» plus fort, obligea plusieurs Hommes à
» réunir leurs forces.

» Tu ne me prendras pas ce qui est à
» moi, et je ne prendrai pas ce qui est
» à toi.

» Si on veut venir me prendre ce qui est
» à moi, tu l'empêcheras ; si on veut te
» prendre ce qui est à toi, je l'empêcherai.

» Si on vient m'attaquer, tu me défen-
» dras ; si on t'attaque, je te défendrai.

» Telles furent les premieres conventions
» de la société.

» Ce ne fut que pour acquérir ces sûre-
» tés indispensables à leur bonheur et à
» leur existence, que plusieurs Hommes
» se réunirent ensemble et associerent leurs
» forces.

» L'avantage, la nécessité de cette réu-
» nion fut bientôt sentie par tous les Hom-
» mes, et tous se réunirent en société :
» ainsi les Hommes ne se sont associés
» ensemble, n'ont formé ce qu'on appelle
» association politique, que déterminés
» par le plus grand besoin, pour se con-
» server réciproquement leurs droits. »

D. Qu'elle est la nature de ce contrat ?

R. Sa nature est donc celle de tous les
contrats ; savoir, le consentement des
parties contractantes : la société s'oblige
envers nous, et nous nous obligeons
envers la société.

D. A quel âge et en quel temps nous
obligeons-nous envers la société ?

R. Puisque par ses loix elle a protégé
et défendu notre enfance, nous avons
joui long-temps de ses bienfaits sans y
songer, et sans pouvoir les reconnoître :
on a donc pu présumer pour ce temps-là,
un consentement tacite de notre part,
ayant dans cet âge foible un si grand
besoin de sa protection ; mais ayant atteint

l'âge de raison , par le fait même que
nous vivons dans son sein , nous contrac‑
tons l'obligation d'observer ses loix ; car
on ne peut recevoir chaque jour et chaque
instant les bienfaits que nous accorde
quelqu'un à des conditions , sans s'obliger
par‑là même à remplir ces conditions.

D'ailleurs il est des circonstances où la
société oblige chaque particulier à lui prê‑
ter serment d'obéissance et de fidélité ;
telle est celle où se trouvent aujourd'hui
tous les François , qui , n'ayant qu'une
Constitution et des Loix bien défectueuses ,
se sont assemblés pour en corriger les abus
et se donner une Constitution plus parfaite.

ARTICLE V.

De la Constitution sociale.

D. EN qui réside le droit de donner des
Lois et de former la Constitution d'un
Etat ?

R. Puisque tout contrat consiste dans
le consentement mutuel des parties , cha‑
que individu ou particulier d'une société
a le droit de concourir à la formation de
ses Lois , et de leur donner son consen‑
tement. Chacun devant recevoir la même
protection de la Loi , et s'engageant éga‑
lement à l'observer , chacun a le même

droit de la former et de consentir aux conditions auxquelles il s'oblige.

D. Quelle grande vérité suit de là?

R. Que le Peuple ayant seul le droit de se donner des Lois et d'y consentir, le premier Souverain, ou le Législateur naturel d'un Empire est la Nation elle-même : qu'en elle réside essentiellement le principe de tout pouvoir dans l'Etat, et que nul corps, nul individu ne peut exercer d'autorité qui n'en émane expressément.

D. Mais est-il possible que toute une Nation s'assemble en entier pour former ses Loix?

R. Comme il est impossible, dans un grand Empire, que tous les individus s'assemblent pour concourir à la Loi, chaque Ville, chaque Communauté donne ses pouvoirs à ceux qui paroissent mériter sa confiance pour lui donner des Loix, et ce sont ces Députés de confiance qu'on appelle les Représentans d'une Nation.

D. C'est-à-dire que si un Peuple étoit assez peu nombreux pour pouvoir s'assembler tout entier et prendre la voix de chacun, chacun auroit le droit de concourir à la Loi?

R. Oui sans doute : et nous en avons des exemples dans quelques petits Etats : comme à Rome dans son origine, et de nos jours encore à Geneve et dans quelques Cantons Suisses.

D. Et s'il arrivoit dans ce Peuple qu'une grande partie ne voulût pas d'une Loi, qui seroit adoptée par l'autre ?

R. Puisque le consentement de chaque particulier est d'égale valeur, il est de droit naturel que le plus grand nombre l'emporte sur le moindre, n'y eut-il que la différence d'une voix : il arriveroit autrement que le plus petit nombre empêcheroit le plus grand d'avoir des Loix, et détruiroit l'existence de la société, ce qui est absurde. La Loi dans ce cas doit donc être faite à la majorité des suffrages. Ce que nous disons de tout un Peuple, doit se dire aussi de ses Représentans, s'il s'en est donné : aussi la Loi se fait-elle en France par le consentement de la majorité des Représentans de la Nation.

D. Mais les particuliers qui se sont opposés à la Loi, doivent-ils l'accepter et s'y soumettre ?

R. Tout contrat n'ayant de valeur que par le consentement libre des parties, nul ne peut être forcé à recevoir des Lois qui ne lui plaisent pas ; mais dès lors il renonce aux liens et aux avantages de la société, qui ne lui accorde protection et sûreté qu'à ces conditions ; il doit alors sortir de son sein et chercher dans un autre Empire des Lois qui lui plaisent davantage.

D. Et s'il continue de vivre dans cette société ?

R. Puisqu'il continue d'en recevoir protection et sûreté, par la même raison il s'engage à remplir les conditions qu'exige la société pour cela, et par là même il se soumet et s'oblige à la Loi.

D. Un Etranger nouvellement arrivé dans un Empire, est-il obligé de se soumettre aux Loix de cet Empire, qu'il n'a jamais consenties ?

R. Cet Etranger, au premier pas qu'il fait dans cet Empire, en reçoit protection et sûreté, et s'oblige par-là même à l'observation de ses Lois. Nul ne peut recevoir un bienfait, qui ne se donne qu'à des conditions, sans s'obliger aussi à remplir ces conditions.

D. Il est donc du devoir d'un bon Citoyen de se soumettre à la Loi et à la Constitution d'un Etat, faite même contre son avis ?

R. L'obéissance due au Législateur, le bien de la paix, l'amour de l'ordre, sa propre tranquillité et son propre intérêt, tout lui impose cette obligation.

D. Qu'entendez-vous par la Constitution d'un Empire ?

R. C'est l'assemblage ou la collection des Loix fondamentales, qui distinguent et distribuent les différens pouvoirs, qui concourent au maintien de la sûreté et de la liberté publique.

D. Combien distingue-t-on de pouvoirs différens ?

R. On en distingue trois : le Pouvoir

législatif, ou celui qui fait la Loi ; le Pouvoir exécutif, ou celui qui fait exécuter la Loi ; et le Pouvoir judiciaire, ou celui qui applique la Loi aux différens cas particuliers.

ARTICLE VI.

De la Constitution Françoise.

D. QU'EST-CE qui a donné occasion à la réforme des Lois de la France et à la nouvelle Constitution ?

R. L'histoire bien intéressante de notre Révolution nous l'apprendra ; mais n'oublions pas que nous devons une reconnoissance éternelle à notre vertueux Monarque : depuis long-temps il désiroit une égalité de contributions de la part de tous les Citoyens, et la réforme de plusieurs abus ; dans cette intention, il a convoqué les Etats-Généraux de la France de la maniere la plus favorable au Peuple et la plus conforme à la justice.

D. La France avoit donc déjà des Etats-Généraux ?

R. De temps immémorial elle a joui du privilege d'avoir ses Etats : le célebre Charlemagne avoit coutume de les assembler chaque année, et de prendre les suffrages du Peuple en tout ce qui concernoit ses contributions et ses Lois : ses successeurs l'ont quelquefois imité ; mais dans les siecles d'ignorance, le Peuple oublia aisément ses droits et se laissa asservir sous le joug du régime féodal : tout étoit devenu esclave chez lui, sa personne, sa liberté, sa propriété appartenoient à une infinité de petits Souverains répandus dans la France. L'usage même des premiers élémens, que la nature distribue également à tous les Hommes, l'eau, le feu, l'air même qu'on respire, étoient soumis en beaucoup d'endroits à des contributions particulieres. Nos États, presque toujours devenus infructueux par les intrigues des Ministres et des Grands, ne corrigeoient aucun abus, et n'étoient plus que l'ombre des premiers ; le Peuple lassé ne les demandoit plus ; et depuis 1614, sous la minorité de Louis XIII, il n'y en avoit pas eu en France ; ce qui rend bien plus précieux et plus cher le bienfait que nous tenons de Louis XVI.

D. En quoi sur-tout étoient défectueuses les Lois et la Constitution Françoise?

R. En deux articles bien essentiels : le premier, en ce que les pouvoirs étoient tous confondus, et réunis sur une seule personne ; ce qui assimiloit notre Gouvernement au despotisme. Le second, en ce que les Citoyens n'étoient pas tous égaux aux yeux de la Loi ; il y avoit deux Ordres de privilégiés, qui avoient le droit de contribuer infiniment moins que les autres aux dépenses de l'Etat , et à qui étoient réservés tous les honneurs et presque tous les emplois ; il arrivoit ainsi que les uns vivoient avilis et surchargés d'impôts , tandisque les autres ayant tous les emplois et comblés de toutes les graces , étoient encore défendus et protégés , sans concourir également aux frais de cette défense et protection.

D. La nouvelle Constitution a-t-elle corrigé ces deux grands abus ?

R. C'est de quoi s'est spécialement occupée l'Assemblée Nationale. 1°. Elle a divisé les trois Pouvoirs de cette maniere : elle s'est réservé le Pouvoir législatif , comme étant envoyée pour l'exercer conjointement avec le Roi ; elle a déclaré le Pouvoir exécutif suprême dans les mains du Roi ; et a laissé à la Nation , comme pouvant l'exercer , le droit de choisir des Citoyens instruits pour les fonctions du Pouvoir judiciaire.

2°. Elle a supprimé les trois Ordres , qui depuis long-temps existoient dans l'Etat. Celui du Clergé , celui de la Noblesse et celui du Tiers-État , pour ne plus former qu'un seul et même Ordre , celui de Citoyens sous le nom de Communes. Il n'y aura donc plus de distinctions d'Ordres, plus de divisions entr'eux , plus de haines , plus de rivalités ; tous les Citoyens assemblés ne travailleront plus pour leur intérêt particulier et celui de leur Corps, mais s'occuperont du bien général de la Nation ; et de la sorte la société ne faisant qu'un seul tout, sera d'autant plus heureuse qu'elle sera plus unie.

D. Quel a été le premier soin des Etats-Généraux assemblés ?

R. Çà été de se qualifier du titre d'Assemblée Nationale, pour désigner que ce n'est plus une Assemblée des grands et de quelques riches ou privilégiés, comme nous en avons eu ; mais l'Assemblée de toute la Nation réunie en un seul Corps, ne formant qu'un seul tout figuré par ses Représentans.

En second lieu, comme les Représentans avoient ordre et pouvoir de la Nation de n'accorder aucun impôt, que la Constitution ne fût faite et posée sur des bases solides et inébranlables, ils ont commencé par déclarer quels sont les droits sacrés de l'Homme vivant en société, qui doivent servir de fondement aux Loix, et ont rétabli le Citoyen dans l'égalité naturelle et imprescriptible au yeux de la Loi. C'est ainsi que s'exprime cette Auguste Assemblée, invoquant le nom de l'Eternel en présence duquel elle parle.

" Les Représentans du Peuple Fran-
" çois, constitués en Assemblée Natio-
" nale, considérant : Que l'ignorance,
" l'oubli, ou le mépris des droits de
" l'Homme,

» l'Homme , sont les seules causes des
» malheurs publics et de la corruption
» des gouvernemens , ont résolu d'expo-
» ser dans une Déclaration solemnelle les
» droits naturels , inaliénables et sacrés
» de l'Homme ; afin que cette Déclaration
» constamment présente à tous les mem-
» bres du corps social , leur rappelle sans
» cesse leurs droits et leurs devoirs ; afin
» que les actes du pouvoir législatif et
» ceux du pouvoir exécutif , pouvant être
» à chaque instant comparés avec le but
» de toute institution politique , en soient
» plus respectés ; afin que les réclama-
» tions des Citoyens , fondées désormais
» sur des principes incontestables , tour-
» nent toujours au maintien de la Consti-
» tution et au bonheur de tous. »

D. Pourquoi est-il dit dans ce préliminaire que cette Déclaration nous rappelle
nos droits et nos devoirs ?

R. Parce qu'il n'y a point de droit pour
quelqu'un qui ne suppose un devoir dans
quelqu'autre ; ainsi le droit que j'ai de
conserver ma propriété , suppose dans tous
les membres de la société le devoir de la
respecter ; de même le droit qu'ont les
autres de jouir de leur liberté et sûreté ,
suppose chez moi le devoir de ne point les
attaquer.

D. D'où dérive ce droit et ce devoir
mutuels des Citoyens ?

R. De la nature du contrat social qui

est formé de l'engagement mutuel des parties : tous les membres de la société s'engagent envers moi , voilà mon droit ; je prends les mêmes engagemens envers tous les autres membres de la société , voilà mon devoir.

D. Expliquez-nous encore ces termes : « Afin que les actes du pouvoir législatif » et exécutif en soient plus respectés ? »

R. C'est le second motif de la Déclaration des droits ; chaque particulier pouvant comparer les Loix et leur exécution avec les droits de l'Homme , comprendra que ces actes sont conformes au bien commun de tous et à l'engagement que chacun a pris envers tous. Il ne fera donc que les respecter et s'y soumettre davantage.

D. Pourquoi y est-il dit encore : « Afin » que les réclamations des Citoyens, bien » fondées , tournent au maintien de la » Constitution ? »

R. C'est afin que les réclamations des Citoyens ne soient jamais faites que d'après les droits de l'Homme bien connus , et ne troublent pas la tranquillité publique ; et aussi afin que les réclamations, lorsqu'elles seront justes , donnent lieu de corriger les vices qui pourroient se trouver dans les Loix , maintiennent ainsi la Constitution et la rendent plus propre à faire le bonheur de tous.

D. Que résulte-t-il de tous ces motifs ?

[27]

R. Il résulte donc de ces trois motifs qu'ont eu nos Représentans de faire cette Déclaration, qu'on pourra prévenir, par sa connoissance, les malheurs publics et la corruption des Gouvernemens : car cette corruption n'est autre chose que le peu de respect qu'ont les Loix, et ceux qui les exécutent, pour les droits sacrés de l'Homme ; ce qui est un des plus grands malheurs publics, le fléau des Citoyens et la perte des Gouvernemens ; aussi l'Assemblée Nationale annonce-t-elle que c'est par d'aussi grandes raisons qu'elle s'est déterminée à publier les droits de l'Homme. En disant que c'est d'après ces motifs et " en conséquence, que l'Assem-
» blée Nationale reconnoît et déclare en
» présence et sous les auspices de l'Être
» suprême les droits suivans de l'Homme
» et du Citoyen. »

Article Ier. " Les Hommes naissent
» et demeurent libres et égaux en droits :
» les distinctions sociales ne peuvent être
» fondées que sur l'utilité commune. »

D. Selon le premier principe il n'y a donc plus de distinction parmi les Citoyens?

R. Toute distinction est fondée sur l'utilité publique, qui exigeant que nous ayons un Roi, des Supérieurs, des Défenseurs, des Magistrats, leur accorde des distinctions sociales. Quant aux distinctions particulieres, elles ne peuvent être fondées que sur les talens et les vertus de

B 2

chaque individu ; l'Homme à talens doit être estimé comme un Homme utile , l'Homme vertueux comme un modele.

D. Tous les Hommes ne naissent donc pas et ne demeurent pas toujours égaux ?

R. Non sans doute : il y a des inégalités indispensables et naturelles parmi les Hommes ; ces inégalités viennent du plus ou moins de force pour le travail , du plus ou moins d'esprit , du plus ou moins d'industrie , et de talens qu'on a reçu de la nature , du plus ou moins de fortune qu'on a acquis ou reçu de ses peres , et du plus ou moins de bonne conduite pour conserver cette fortune et même l'augmenter.

Le respect dû à toutes ces inégalités naturelles et fondées sur la justice , est un des premiers devoirs du Citoyen ; la Loi elle-même bien loin de les détruire n'est faite que pour les conserver : parce que chaque Citoyen a essentiellement et également le droit de conserver sa propriété , quelque foible ou quelque considérable qu'elle puisse être.

D. Qu'elle est donc l'égalité que l'Assemblée a voulu rétablir dans le premier Article ?

R. C'est l'égalité en droits ou autrement aux yeux de la Loi , ce qui veut dire que les Hommes naissent tous avec le même droit d'être défendus et protégés également par la Loi ; que celle-ci est également faite pour tous , soit qu'elle protege , soit qu'elle punisse, comme il sera dit ci-après : enfin que si les Hommes naissent tous égaux aux yeux de la Loi ; ils demeurent toujours tels et ne peuvent jamais perdre ce droit.

Cette égalité consiste donc dans l'égalité de protection de la part de la Loi ; mais non dans l'égalité de force d'esprit , de talens , d'industrie , de fortune et de bonne conduite ; inégalités que la Loi doit conserver comme étant fondées sur les droits de l'Homme , et dont elle ne peut détruire les rapports et les effets sans injustice.

ARTICLE VII.

Des droits de l'Homme.

D. QUEL est le second article de la Déclaration des droits.

R. Ayant rétabli le premier principe de toute société, qui est l'égalité naturelle aux yeux de la Loi , l'Assemblée a déclaré que le but de toute association politique est la conservation des droits de l'Homme, et a dit quels sont ces droits , en ces termes :

ART. II. « Le but de toute association » politique est la conservation des droits

» naturels et imprescriptibles de l'Homme;
» ces droits sont la liberté , la propriété ,
» la sûreté et la résistance à l'oppression. »

D. Que veut-elle signifier en disant les droits de l'Homme imprescriptibles ?

R. Cela veut dire que personne ne pouvant lui ravir ces droits sans injustice , il peut les recouvrer en tout temps , malgré la longue possession de ceux qui l'ont opprimé.

D. Quel est le IIIe. Article ?

R. Il désigne quel est le premier Souverain dans un Empire, en ces termes :

« Le principe de toute souveraineté
» réside essentiellement dans la Nation ,
» nul corps, nul individu ne peut exercer
» d'autorité qui n'en émane expressé-
» ment.

D. Quel est le IVe. Article ?

R. Il explique ce que c'est que la liberté et quelles en doivent être les bornes pour le bien de tous, en disant que :

« La liberté consiste à pouvoir faire
» tout ce qui ne nuit pas à autrui : ainsi
» l'exercice des droits naturels de chaque
» Homme n'a de bornes que celles qui
» assurent aux autres membres de la
» société, la jouissance de ces mêmes
» droits : les bornes ne peuvent être déter-
» minées que par la Loi. »

D. Que veulent dire ces derniers termes, les bornes ne peuvent être déterminés que par la Loi ?

[31]

R. Cela veut dire que c'est à la Loi
seule à déterminer ce qui est nuisible à un
autre, ou non; car si chacun se permet-
toit de juger que telle ou telle autre chose
n'est pas nuisible à autrui, chacun pourroit faire la Loi à sa fantaisie; la liberté
deviendroit alors licence, et nuiroit à la
sûreté de tous.

D. Quel est le Ve. Article?

R. Il annonce que toute bonne Loi ne
doit être faite qu'en vue de notre liberté
et sûreté, de cette maniere.

ART. V. « La Loi n'a le droit de défen-
» dre que les actions nuisibles à la société;
» tout ce qui n'est pas défendu par la Loi
» ne peut être empêché, et nul ne peut
» être contraint à faire ce qu'elle n'ordonne
» pas. »

D. Quel est le VIe. Article?

R. Il déclare que la Loi est la même
pour tous les Citoyens, et qu'elle les protege et les oblige tous également, en ces
termes:

« La Loi est l'expression de la volonté
» générale; tous les Citoyens ont droit de
» concourir personnellement, ou par ses
» Représentans, à sa formation; elle doit
» être la même pour tous, soit qu'elle
» protege, soit qu'elle punisse: tous les
» Citoyens étant égaux à ses yeux sont
» également admissibles à toutes digni-
» tés, places et emplois publics, selon
» leur capacité, et sans autre distinction

B 4

» que celle de leur vertu et de leur talens.»

D. Quel est le VIIe. Article ?

R. Il regarde la protection due à notre liberté personnelle et l'obéissance que doit un coupable à la Loi , en disant que :

" Nul Homme ne peut être accusé ,
» arrêté , ni détenu , que dans les cas
» déterminés par la Loi , et selon les for-
» mes qu'elle a prescrites. Ceux qui solli-
» citent , exécutent , ou font exécuter des
» ordres arbitraires , doivent être punis ;
» mais tout Citoyen appellé ou saisi en
» vertu de la Loi , doit obéir à l'instant ;
» il se rend coupable par la résistance. »

D. Quel est l'objet du VIIIe. Article ?

R. Les VIIIe. et IXe. Articles concer- nent les peines dues aux coupables contre la Loi , ne laissent subsister que celles qui sont nécessaires pour contenir le méchant , et abolissent toute punition provi- soire et autre pour l'aveu du criminel et de ses complices. Voici comment ils s'ex- priment :

ART. VIII. " La Loi ne doit établir
» que des peines strictement et évidemment
» nécessaires , et nul ne peut être puni
» qu'en vertu d'une Loi établie et pro—
» mulguée antérieurement au délit , et
» légalement appliquée. »

ART. IX. " Tout homme étant présumé
» innocent, jusqu'à ce qu'il ait été déclaré
» coupable, s'il est jugé indispensable de
» l'arrêter , toute rigueur qui ne seroit

» pas nécessaire pour s'assurer de sa per-
» sonne , doit être sévérement réprimée
» par la Loi. »

D. Pourquoi a-t-on dit en vertu d'une Loi promulguée avant le délit ?

R. Parce que la Loi ne peut pas obliger avant de pouvoir être connue , et par conséquent avant d'être promulguée ou publiée. Elle ne doit donc pas connoître des faits qui se sont passés avant sa promulgation.

D. Pourquoi a-t-on dit aussi légalement appliquée ?

Cela veut dire que la Loi doit être appliquée par le Juge qui en a le droit , et que celui-ci doit pour cela observer toutes les formes prescrites dans le Code des Loix criminelles.

D. De quoi s'agit-il dans le X\e. Article?

R. Les X\e. et XI\e. Articles regardent la liberté qui est due à nos pensées et à nos opinions que nous pouvons manifester comme il nous plaît , excepté dans les cas qui pourroient troubler l'ordre public et prévus par la Loi , voici comme ils s'expriment :

ART. X. « Nul ne doit être inquiété
» pour ses opinions , même religieuses ,
» pouvu que leur manifestation ne trouble
» pas l'ordre public établi par la Loi. »

ART. XI. « La libre communication
» des pensées et des opinions est un des
» droits les plus précieux de l'Homme.

» Tout Citoyen peut donc parler, écrire,
» imprimer librement, sauf à répondre
» de l'abus de cette liberté dans les cas
» déterminés par la Loi. »

Ces cas déterminés par la Loi sont,
en général, tout ce qui attaque les bonnes
mœurs, l'ordre public, l'honneur et le
bien des particuliers.

D. Quel est le XIIe. Article ?

R. Il concerne les moyens qu'emploie
la Loi pour assurer à l'Homme ses droits;
lesquels moyens consistent dans la force
publique, confiée au pouvoir exécutif,
chargé de veiller à la sûreté et à la liberté
de tous, en ces termes :

ART. XII. « La garantie des droits de
» l'Homme et du Citoyen nécessite une
» force publique. Cette force est donc
» instituée pour l'avantage de tous, et
» non pour l'utilité particuliere de ceux
» auxquels elle est confiée. »

D. Quel est l'objet du XIIIe. Article ?

R. Les XIII, XIV et XVes. Articles
concernent la nécessité d'une contribution
commune, répartie sur chaque Citoyen
à raison de ses facultés, dont la société
a le droit de suivre l'emploi, et dont elle
peut demander compte aux Agens du
Pouvoir exécutif, qui en abuseroient,
ainsi que de toute autre Administration.
Voici comment ils sont exprimés :

ART. XIII. « Pour l'entretien de la
» force publique et pour les dépenses d'ad-

» ministration, une contribution com-
» mune est indispensable ; elle doit être
» également répartie entre tous les Ci-
» toyens, en raison de leurs facultés. »

ART. XIV. « Tous les Citoyens ont
» le droit de constater par eux-mêmes,
» ou par leurs Représentans, la néces-
» sité de la contribution publique, de
» la consentir librement, d'en suivre
» l'emploi et d'en déterminer la quotité,
» l'assiette, le recouvrement et la
» durée. »

ART. XV. « La société a le droit de
» demander compte à tout Agent public
» de son administration. »

D. Pourquoi a-t-on dit que chaque Citoyen doit contribuer à raison de ses facultés.

R. Parce qu'il est juste que le riche, qui reçoit protection et sûreté à raison de ses richesses et propriétés, soit imposé dans cette même proportion. Celui qui a peu de propriétés doit payer peu pour la force publique, qui ne lui garantit qu'une très-petite portion de propriété ; celui qui en a beaucoup, doit payer beaucoup pour cette force publique qui assure la conservation de sa grande propriété.

D. Quel est le XVIe. Article ?

R. Il regarde les propriétés de chaque particulier, qui sont déclarées inviola-bles, et ne devoir céder à aucun besoin, même légal, si la nécessité le demandoit, à moins d'un juste dédommagement. Il est ainsi conçu :

Art. XVI. « Les propriétés étant un
» droit invincible et sacré, nul ne peut
» en être privé, si ce n'est lorsque la
» nécessité publique, légalement consta-
» tée, l'exige évidemment, et sans la
» condition d'une juste et préalable in-
» demnité. »

Enfin l'Assemblée Nationale termine sa Déclaration en disant que « toute so-
» ciété, dans laquelle la garantie des
» droits n'est pas assurée, ni la sépara-
» tion des pouvoirs déterminée, n'a point
» de Constitution. »

Le but en effet de toute Constitution ne peut être que de maintenir les droits sacrés de l'Homme, sa liberté, sa propriété, sa sûreté ; et pour cela elle n'a d'autres moyens que de forcer, par de bonnes Lois, ceux à qui elle a confié ses pou-voirs, de ne pas en abuser, en les bien distinguant et les distribuant à plusieurs, pour éviter le despotisme et la tyrannie.

ARTICLE VIII.

*Des différentes formes de Gouvernemens,
et du Gouvernement François.*

D. LA Nation étant le premier Souverain d'un Empire, réunit donc en elle-même tous les différens pouvoirs.

R. ART. 1er. de la Constution. « Les
» pouvoirs émanent essentiellement de la
» Nation, et ne peuvent émaner que
» d'elle. »

D. La Nation peut-elle exercer tous les pouvoirs par elle-même ?

R. La Nation peut bien exercer le pouvoir législatif par elle-même ou ses Représentans, comme nous l'avons dit ; mais elle est obligée de conférer en d'autres mains le pouvoir exécutif et judiciaire.

D. Dans tous les Empires les pouvoirs ne sont donc pas exercés de la même maniere ?

R. Non. Et de la différente maniere dont ces pouvoirs sont exercés, naissent les différentes especes de Gouvernemens.

D. De combien de sortes en distingue-t-on ?

R. De cinq sortes : le Gouvernement Despotique, le Monarchique, l'Aristocratique, le Démocratique et le Mixte.

D. Qu'est-ce que le Gouvernement Despotique ?

R. C'est celui où un seul homme réunit et exerce tous les pouvoirs, et ne connoît d'autre loi que sa volonté : tels sont plusieurs Gouvernemens d'Asie et d'Afrique.

D. Qu'est-ce que le Gouvernement Monarchique ?

R. C'est celui où un seul Homme gouverne, mais suivant les Lois établies et reçues.

D. Un Monarque n'a donc pas le pouvoir de faire les Lois ?

R. Si un Monarque réunissoit le pouvoir législatif au pouvoir exécutif, alors il seroit Despote ; puisqu'il dépendroit de lui de faire des Lois et de les faire exécuter à sa volonté : et c'est-là un des défauts essentiels de notre ancien Gouvernement , où insensiblement les Rois avoient réuni presque tous les pouvoirs et l'avoient assimilé au Despotisme.

D. Qu'est-ce que le Gouvernement Aristocratique ?

R. C'est celui où les Grands gouvernent , comme à Gênes , à Venise , etc.

D. Qu'est-ce que le Gouvernement Démocratique ?

R. C'est celui où le Peuple gouverne , comme à Geneve et dans quelques Cantons Suisses.

D. Qu'est-ce que le Gouvernement mixte ?

R. C'est celui dans lequel se trouvent réunis plusieurs sortes de Gouvernemens. Celui de Pologne est Monarchique et Aristocratique ; celui de Hollande est Aristocratique et Démocratique.

D. Qu'entendez-vous par l'Anarchie ?

R. L'Anarchie n'est pas un Gouvernement, mais la situation d'un État qui est dans le trouble, où les pouvoirs n'ont plus de force, et où chacun veut se mêler de commander.

D. Quelles sont les suites et les maux de l'Anarchie ?

R. Ils sont toujours des plus terribles. Par-tout où chacun se croit maître et veut commander, il n'y a plus ni sûreté, ni liberté pour personne. Il vaudroit mieux, sans doute, habiter seul les déserts et les forêts, qu'avec des Hommes toujours en soupçon et toujours soulevés les uns contre les autres : un État alors tend à sa ruine ; et le vaste et bel Empire des Romains n'a pas eu d'autre cause de sa destruction totale.

D. Quelle est la nature du Gouvernement François ?

R. ART. II. « Le Gouvernement Fran-
» çois est Monarchique. Il n'y a point en
» France d'autorité supérieure à la Loi ;
» le Roi ne regne que par elle, et ce n'est
» qu'en vertu des Lois qu'il peut exiger
» obéissance. »

D. Quels sont les point fondamentaux de la Monarchie Françoise ?

R. Art. III. » L'Assemblée Nationale » a reconnu et déclaré, comme points » fondamentaux de la Monarchie Fran- » çoise, que la personne du Roi est invio- » lable et sacrée ; que le Trône est indi- » visible ; que la Courónne est héréditaire » dans la Race régnante, de mâle en » mâle, par ordre de primogéniture, à » l'exclusion perpétuelle et absolue des » femmes et de leur descendance, sans » entendre rien préjuger sur l'effet des » renonciations. »

D. Que veut dire que la personne du Roi est inviolabe et sacrée ?

R. C'est-à-dire que ni sa personne, ni ses actions ne peuvent être jugées, et que si le Roi agissoit contre la Loi, la personne de ses Ministres et Agens seulement en seroit responsable.

D. Qu'est-ce à dire que le Trône est indivisible ?

R. Cela veut dire que les différentes parties de l'Empire François ne peuvent être démembrées à plusieurs enfans du Roi ; mais que la Couronne est hérédi- taire au seul aîné, et après celui-ci aux autres descendans dans l'ordre de primo- géniture.

ARTICLE IX.

Du Pouvoir législatif en France.

D. EN qui réside le pouvoir législatif en France, ou autrement le pouvoir de faire la Loi?

R. ART. VIII. " Le pouvoir législatif » réside dans l'Assemblée Nationale qui » l'exercera ainsi qu'il suit. "

ART. IX. " Aucun acte du Corps légis- » latif ne pourra être considéré comme » Loi, s'il n'est fait par les Représentans » de la Nation librement et légalement » élus, et s'il n'est sanctionné par le » Monarque. "

D. Qu'entendez-vous par les Représentans de la Nation?

R. Ce sont des personnes choisies par le Peuple et députées à l'Assemblée de la Nation, avec pouvoir de le représenter et de lui donner des Lois.

D. Comment nomme-t-on ceux qui donnent leurs pouvoirs à ces Députés?

R. On les appelle leurs Commettans, en ce qu'ils ont donné commission ou pouvoir aux Représentans d'agir en leur nom.

D. Pourquoi dites-vous librement élus?

R. Parce que toute élection forcée et

sans liberté, seroit nulle de sa nature et de plein droit.

D. Pourquoi dites-vous légalement élus ?

R. Cela veut dire que les élections doivent se faire selon les formes et dans le temps prescrit par la Loi : par exemple, autrefois les Députés devoient se faire par assemblées de Bailliage ; aujourd'hui la Loi a changé, ils doivent se faire par assemblées de Département : autrefois il falloit être possesseur de quelque charge ou dignité, ou appartenir à quelque Ordre privilégié, pour être appellé aux États-Généraux ; aujourd'hui tout Citoyen, possesseur de la plus légere propriété, et payant la contribution d'un marc d'argent, peut être Représentant du Peuple à l'Assemblée Nationale.

D. Pourquoi la Loi exige-t-elle, pour être Député à l'Assemblée Nationale, qu'on ait quelque propriété et qu'on paie la contribution d'un marc d'argent ?

R. Parce que ce sont les propriétaires qui sont le plus liés à leur Patrie et le plus intéressés à l'existence des bonnes Lois. Un Homme sans propriétés, et qui emporte tout avec lui, peut sans autant d'inconvénient devenir habitant d'un autre pays, et ne pas mettre un grand intétêt à la prospérité et au salut de celui qu'il habite.

[43]

D. Pourquoi dites-vous sanctionné par le Monarque ?

Art. X. « C'est que le Roi peut refuser » son consentement aux actes du Corps » législatif. » La sanction ou le consentement du Roi signifie la même chose.

D. Le Roi participe donc au pouvoir législatif ?

R. Chaque individu de la société ayant le droit de concourir à la loi par lui-même ou par ses Représentans , il étoit juste que le Roi ne fût pas privé de cette prérogative : d'ailleurs son refus à la Loi peut être fort utile pour éclairer les Représentans sur les défauts et inconvéniens de la Loi qu'ils présentent.

D. Le Roi pourroit donc n'accepter aucune Loi , et de la sorte rendre inutile l'Assemblée de Représentans ?

R. Il ne le peut pas, parce que, Art. XI, « Dans le cas où le Roi refusera son « consentement , son refus ne sera que » suspensif. »

D. Ce refus suspensif durera-t-il long-temps ?

R. Art. XII. « Le refus suspensif du » Roi cessera à la seconde des Législatures » qui suivront celle qui aura proposé la » Loi. » Ce qui fait un intervalle de quelques années ; terme assez long pour pouvoir s'éclairer réciproquement sur la bonté ou sur les inconvéniens de la Loi proposée.

D. Qu'entendez-vous par une Législature ?

R. Art. VI. « Chaque Législature sera » de deux ans. » C'est-à-dire que la Nation donnera à ses Députés le pouvoir de la représenter et de faire des Lois pendant deux ans, après ce terme leurs pouvoirs cesseront.

D. Pendant ces deux ans resteront-ils toujours assemblés ?

R. Art. IV. « L'Assemblé Nationale » sera permanente. » C'est-à-dire qu'elle aura toujours le droit de s'assembler quand elle le jugera convenable ; mais il n'est pas nécessaire qu'elle soit perpétuelle, c'est-à-dire toujours assemblée.

D. Comment renouvellera-t-on cette Assemblée après deux ans ?

R. Art. VII. « Le renouvellement des » Membres de chaque Législature sera fait » en totalité. » C'est-à-dire, qu'ils seront changés en entier tous les deux ans.

D. Les Membres de l'assemblée Nationale ont-ils tous le même droit de concourir à la Loi ?

R. Art. V. « L'Assemblée Nationale » ne sera composée que d'une Chambre. » Tous les Membres ont donc le droit de travailler également et de concert à la Loi : seulement, l'Assemblée peut former des Comités particuliers, destinés à lui présenter un travail et des projets de Loi sur des objets qu'elle aura désignés.

D. Le Roi ne peut-il pas présenter lui-même ces projets de Loi ?

Art. XIII. « Le Roi peut inviter l'As-
» semblée Nationale à prendre un objet
» en considération ; mais la proposition
» des Lois appartient exclusivement aux
» Représentans de la Nation. » Ou autrement, ils ont l'initiative de la Loi ; ce qui
veut dire que c'est à eux à la proposer,
à discuter ses avantages ou ses inconvéniens, à la rédiger et la consentir pour la
présenter ensuite à la sanction du Roi.

D. A qui appartient la création et la
suppression des Offices pour le maintien
et l'exécution des Loix ?

Art. XIV. « La création et suppression
» des Offices ne pourront avoir lieu qu'en
» exécution d'un acte du Corps législatif,
» sanctionné par le Roi. » C'est à la Loi
à prévoir l'utilité et les fonctions de ces
Offices, et à la Nation à salarier ceux
que la Loi juge nécessaires : car si ce
droit étoit du Pouvoir exécutif, il seroit
donc de ce Pouvoir de disposer de nos
propriétés ; et c'est par cette même raison
que l'Article XV dit que toute contribution et tout emprunt ne peuvent se faire
que par un acte de la loi, en ces termes :
Art. XV. « Aucun impôt ou contribution
» en nature ou en argent, ne peut être
» levé ; aucun emprunt direct ou indirect
» ne peut être fait autrement que par un
« Décret exprès de l'Assemblée des Repré-
» sentans de la Nation. »

Article X.

Du Pouvoir exécutif en France.

D. A QUI est confié le Pouvoir exécutif en France ?

R. ART. XVI. « Le Pouvoir exécutif » suprême réside exclusivement dans la » main du Roi. » Il a donc seul le droit de maintenir et de faire exécuter la Loi faite par les Représentans de la Nation et sanctionnée par lui ; ce qui fait du Gouvernement François un Gouvernement Monarchique.

D. A qui appartient la proclamation de la Loi ?

R. Cette proclamation étant un préliminaire de son exécution, appartient au Pouvoir exécutif, qui doit la faire sous le titre de ROI DES FRANÇOIS, AU NOM DE IA NATION.

D. Pourquoi pas sous le titre, comme autrefois, de Roi de France et de Navarre, Dauphin de Viennois, etc.

R. Parce que les différentes Provinces de la France ayant toutes renoncées à leurs anciens Privileges, Us et Coutumes, elles ne font plus aujourd'hui qu'un seul et même Empire gouverné par les mêmes Lois. Il n'y a donc plus de Royaume d'ancienne France, de Royaume de Navarre, de Provence, de Dauphiné, de Duché de Bretagne, etc.; mais un même État, un même Royaume, dont le Chef ne peut plus avoir qu'un seul titre, qui est celui de ROI DES FRANÇOIS.

D. Pourquoi confie-t-on en France le pouvoir exécutif à un seul?

R. Parce qu'un Empire aussi vaste et aussi peuplé que celui de la France, demande une grande unité et une grande promptitude dans l'exécution des Lois, pour maintenir l'ordre, la liberté et la sûreté par-tout. Cette uniformité, cette promptitude se trouveroient bien plus difficilement dans la lenteur et l'indécision de plusieurs, que dans les ordres d'un seul.

D. Le Pouvoir exécutif ne peut-il pas faire des Lois provisoires?

R. ART. XVII. « Le Pouvoir exécutif » ne peut faire aucune Loi, même pro-» visoire; mais seulement des Proclama-» tions conformes aux Lois, pour en » ordonner ou en rappeller l'observa-» tion. » D'ailleurs l'Assemblée Nationale étant permanente, est toujours à portée de faire des Lois.

D. Le Roi est-il responsable de l'exécution des Lois?

R. Sa Personne ayant été déclarée inviolable et sacrée, la responsabilité ne peut regarder que ses Ministres et Agens.

D. Comment ceux-ci sont-ils responsables ?

R. Art. XVIII. « Les Ministres et les
» autres Agens du Pouvoir exécutif sont
» responsables de l'emploi des fonds de
» leur Département, ainsi que de toutes les
» infractions qu'ils pourroient commettre
» envers les Lois, quels que soient les
» ordres qu'ils aient reçus. »

D. Et si le Roi ordonnoit, sans employer aucun Ministres, qui est-ce qui
seroit responsable ?

R. Pour prévenir cet inconvénient le
même article ajoute : « Mais aucun ordre
» du Roi ne pourra être exécuté, s'il n'a
» pas été signé par sa Majesté et contre-
» signé par un Secrétaire d'État, ou par
» l'Ordonnateur du Département. »

D. Quels sont les moyens qu'a le Pouvoir exécutif pour l'exécution et le maintien des Lois ?

R. Pour l'exécution des Lois, il y a les
Corps Administratifs qui sont ses organes
et agens pour les objets d'administration ;
et pour le maintien des Lois, il a la force
publique, de laquelle est extraite l'armée,
dont le Roi est le Chef suprême, et qui
est essentiellement destinée à combattre
les ennemis de l'État.

D. Quel sont les ennemis de l'État ?

R. Il y en a de deux sortes : les ennemis
étrangers, qui chercheroient à attaquer
nos possessions et envahir nos propriétés ;

et

les ennemis du dedans, qui troublent le repos intérieur, et qui nuisent à la liberté et à la sûreté des Citoyens.

Ces deux principaux moyens du Pouvoir Exécutif méritent chacun une explication plus étendue.

ARTICLE XI.

Des Corps administratifs en France.

D. QU'ENTENDEZ-VOUS par Corps administratif ?

R. Ce sont des Corps établis par la Loi, tant pour la représentation, que pour l'administration des diverses contrées de la France.

D. Expliquez-nous cela ?

R. La France étoit autrefois divisée en différentes Provinces et Gouvernemens, au nombre de trente-deux ; chaque Province étoit gouvernée par des Préposés par le Roi, ou par les Etats, selon ses usages et privileges particuliers ; mais chacune d'elles ayant fait le sacrifice de ses privileges, afin de n'avoir plus que les mêmes Loix et les mêmes intérêts, et d'être tous également François, Amis et Citoyens, gouvernés de la même maniere, la Constitution a fait une nouvelle division de la France en quatre-vingt-trois Dépar-

C

temens ou parties aussi égales entr'elles qu'il a été possible ; et elle a établi dans chaque Département une Assemblée administrative nommée par le Peuple, soit pour représenter ce Peuple, soit pour administrer ses divers intérêts.

D. Comment un Département représente-il le Peuple de ce Département ?

R. En ce que tous les Citoyens s'assemblent par Département pour élire leurs Représentans, soit à l'Assemblée Nationale, soit à celle du Département. Ces Députés représentent donc les Citoyens de ce Département ?

D. Chaque Département n'est-il pas divisé en plusieurs parties ?

R. Chaque Département est divisé en Districts, dont le nombre ne peut être ni au-dessus de neuf, ni au-dessous de trois. Les quatre-vingt-trois Départemens sont divisés en cinq cent quarante-six Districts, et chaque District est encore divisé en Cantons, d'environ quatre lieues carrées chacun.

D. Comment les Départemens nomment-ils leurs Représentans ?

R. Il se fait dans chaque Canton une ou plusieurs Assemblées qu'on appelle Primaires, dans lesquelles sur chaque cent Citoyens actifs, on en nomme un chargé de leurs pouvoirs, dans les Assemblées électorales de Département, et c'est dans celle-ci qu'on nomme les Représentans du Département , soit à l'Assemblée Nationale , soit à l'Administration du Département.

D. Dans quelle proportion nomme-t-on les Représentans à l'Assemblée Nationale?

On nomme un tiers des Députés pour représenter la grandeur du territoire, un tiers pour la population , et un autre tiers pour représenter la quotité de la contribution directe ; c'est-à-dire qu'un Département nommera plus ou moins de Représentans , selon qu'il sera plus ou moins peuplé , et selon qu'il payera plus ou moins d'impôts sur la valeur de ses propriétés.

D. Dans quelle proportion nomme-t-on les Représentans aux Administrations de Départemens et de Districts ?

R. Comme on s'est appliqué à faire les divisions de la France aussi égales qu'il a été possible , il n'y a pas eu un grand intérêt à donner une différence de Représentans à des Assemblées de simple Administration ; et on a décrété que toute Administration de Département seroit composée de trente-six Membres , et celles de Districts, de douze ; à ces Administrateurs sont joints un Procureur-général-Syndic pour les Administrations de Département , et un Procureur-Syndic pour celles de District.

D. Quelles sont les fonctions des Administrations de Département ?

R. Les Assemblées administratives de Département sont chargées, 1°. sous l'inspection du Corps législatif et en vertu de ses Décrets, de la répartition des impositions directes sur le Département, de leur perception et versement dans le trésor public, ainsi que des impositions nécessaires pour les frais et entretiens du Département.

2°. Elles sont chargées, sous l'autorité et l'inspection du Roi, de la conservation des propriétés publiques, de l'Administration des établissemens publics, de la confection des travaux pour l'utilité publique, et autres parties qui concernent le pouvoir exécutif.

D. Quelles sont les fonctions des Administrations de District ?

R. Elles sont les mêmes pour l'étendue du District que celles de Département pour tout le Département. Les Districts sont subordonnés aux Départemens, et n'administrent que sous leurs inspection et autorité.

D. Quelles sont les fonctions des Procureurs-Syndics ?

R. Elles consistent à veiller chacun dans leur Administration respective à l'observation de la Loi, et sur-tout à requérir son exécution, quand les intérêts du Département ou du District le demandent. On peut les regarder comme les surveillans ou les sentinelles de la Loi, ainsi que les Procureurs de la Commune dans les Municipalités, et les Commissaires du Roi dans les Tribunaux.

D. N'y a-t-il pas des Corps administratifs pour les Cantons ?

R. Il y a des Municipalités dans chaque Ville, Bourg, Paroisse ou Communauté, dont les Membres choisis par le Peuple dans les Assemblées de Citoyens actifs, sont qualifiés du nom d'Officiers Municipaux, et dont le chef porte celui de Maire.

D. Le Corps Municipal de combien de Membres est-il composé ?

R. D'un nombre plus ou moins grand selon la population de la Commune, et déterminé par les Décrets de l'Assemblée Nationale. Outre les Officiers Municipaux ils exigent encore un Procureur de la Commune dans toutes les Municipalités, et un Substitut dans les Villes au-dessus de dix mille ames, ainsi que des Notables en nombre double de celui des Officiers Mucipaux.

D. Quelles sont les fonctions des Corps Municipaux ?

R. Ils en ont de deux sortes. 1°. Ils ont comme fonctions propres, sous l'inspection et surveillance des Départemens et Districts, de régir les biens et revenus de la Commune, d'administrer les établissemens qui lui sont propres ; enfin de faire jouir les habitans d'une bonne police, notamment de la salubrité, de la propreté, de la tranquillité et sûreté dans les rues, lieux et édifices publics.

2°. Les Administrations de Département et de District peuvent leur déléguer toutes les fonctions qui leur sont propres, concernant les impositions, les établissemens et travaux publics dans l'enceinte de leur Commune.

D. Qu'elles sont les fonctions du Procureur de la Commune et de son Substitut ?

R. Ils sont chargés de défendre les intérêts, et de poursuivre les affaires de la Commune, ainsi que de requérir les Officiers Municipaux quand l'utilité de la Commune le demande.

D. Quelles sont les fonctions des Notables ?

R. Ils forment avec les Municipaux le Conseil général de la Commune, qui doit être convoqué dans toutes les affaires, d'un intérêt général aux Citoyens de la Commune qu'ils représentent.

D. Quel est le grand avantage de tous les Corps administratifs ?

R. Il consiste sur-tout dans la surveillance et inspection qu'ils ont les uns sur les autres, pour prévenir les erreurs et les injustices. Les Municipalités étant subordonnées aux Districts, les Districts aux Départemens, et ceux-ci aux Corps législatif, ou au Pouvoir exécutif, il en résulte que ces deux Pouvoirs étendent

leur autorité et portent leur vigilance,
par tous ces intermédiaires, jusques sur
le plus petit Village et le Hameau le plus
inconnu du plus vaste et du plus bel
Empire de l'Europe.

ARTICLE XII.

De la Force publique.

D. QU'ENTENDEZ-VOUS par la Force
publique ?

R. De la Force publique en général,
ART. Ier. « La Force publique est la
» réunion des forces de tous les Citoyens. »
C'est-à-dire que la Nation trouve sa force
en elle-même, et que par-là même qu'elle
existe, par-là même elle a dans son sein tout
ce qu'il lui faut pour repousser ses ennemis.

D. Mais la Nation agit-elle et peut-
elle agir toute entiere contre ses ennemis ?

R. Dans les occasions d'un péril ex-
trême où le salut de la Nation est menacé,
la nécessité rend Soldat tout Citoyen ;
mais comme cet état de danger ne peut
être habituel, de la masse générale de tous
les Citoyens on en extrait des corps armés,
toujours prêts à s'opposer dans l'occasion
aux attaques de nos ennemis.

D. Quels sont ces corps armés extraits
de la Force publique ?

R. Comme nous avons deux sortes d'ennemis à combattre, les ennemis du dehors et ceux du dedans, on a extrait de la Force publique deux especes de Corps armés, qui sont l'Armée, proprement dite, ou les Troupes de Ligne, et les Gardes Nationales.

D. Qu'est-ce que l'Armée?

R. « L'Armée est une Force habituelle » extraite de la Force publique, et des- » tinée essentiellement à agir contre les » ennemis du dehors. »

D. Les Troupes de Ligne ne sont donc pas destinées au maintien de l'ordre et de la tranquillité intérieure?

R. La destination essentielle ou principale de l'Armée est d'agir contre les ennemis du dehors; cependant les Troupes de ligne doivent prêter leur force pour le maintien de la paix intérieure quand elles en sont requises par l'autorité légitime.

D. Quelle est l'autorité qui peut et doit requérir les Troupes de Ligne pour le maintien de la paix?

R. Ce sont les Corps administratifs, chargés de faire jouir les habitans d'une bonne police, notamment de la tranquillité et sûreté publique : ce droit et ce devoir sont immédiatement celui des Municipalités.

D. Dans les Troupes de ligne n'y a-t-il point de Corps essentiellement destinés au maintien de la Loi?

R. Il y a les Gens-d'Armes Nationaux ,
dont la destination principale est de veiller
sur les mauvais Citoyens qui attaquent
la propriété et la sûreté des autres ; de se
saisir de leurs personnes , de donner main-
forte pour exécuter les Jugemens des Tribunaux ; en un mot de prêter en toute
occasion *force à la Loi.*

D. Outre les Gens-d'Armes Nationaux
n'y a-t-il pas d'autres Corps armés pour
le maintien de la paix publique ?

R. Il y a aussi les Gardes Nationales ,
qui sont " des Corps armés pour le service
» intérieur , extraits de la force publique
» et essentiellement destinés à agir contre
» les perturbateurs de l'ordre et de la
» paix. "

D. La Nation forme donc un Corps
Militaire ?

R. "La Nation ne forme point un Corps
» Militaire ; mais les Citoyens sont obligés
» de s'armer aussi-tôt que l'ordre public
» troublé , ou la Patrie attaquée , ou
» la Liberté en péril , demanderont l'em-
» ploi de la Force publique.

D. Cette obligation regarde-t-elle également tous les Citoyens ?

R. Il ne peut y avoir que des raisons
d'état , d'âge , ou d'infirmités qui puissent
dispenser de ce devoir ; et la Loi a
sagement établi : que ceux-là seuls
» jouiront des droits de Citoyens actifs ,
» qui réunissant d'ailleurs les conditions

» prescrites , auront pris l'engagement de
» rétablir l'ordre au-dedans , quand ils en
» seront légalement requis , et de s'armer
» pour la défense de la Liberté et de la
» Patrie. » En conséquence il est ordonné
que « Les Citoyens actifs et leurs enfans
» mâles , âgés de dix-huit ans , déclare-
» ront solemnellement de remplir au besoin
» ces devoirs , en s'inscrivant sur les regis-
» tres à ce destinés. »

D. Les Citoyens ont-ils le droit d'être
toujours armés , ou quand il leur plaît ?

R. Non sans doute. « La Nation ne
» formant pas un Corps Militaire , les
» Citoyens ne peuvent exercer aucun acte
» de Force publique établie par la Cons-
» titution , sans en avoir été requis ;
» mais ils ne pourront refuser le service
» dont ils seront requis légalement. »

D. Mais les Citoyens peuvent au moins
paroître armés , ou en uniforme dans les
Assemblées publiques ?

R. « La Force armée est essentielle-
» ment obéissante , et nul Corps armé ne
» peut exercer le droit de délibérer. »
La Constitution a donc encore sagement
établi que « Les Citoyens ne pourront
» exercer le droit de suffrages dans aucune
» des Assemblées politiques , s'ils sont
» armés , ou seulement vêtus d'un uni-
» forme. »

D. Que faut-il donc entendre par
Gardes Nationales ?

R. Un Citoyen ne peut être regardé comme Garde Nationale que lorsqu'étant requis de défendre la chose publique, il est armé en conséquence. " Les Citoyens " requis de défendre la chose publique, " et armés en vertu de cette requisition, " ou s'occupant des exercices qui sont " institués, porteront le nom de Gardes " Nationales. "

D. Qu'entendez-vous par l'organisation de la Garde Nationale ?

R. L'organisation de la Garde Nationale, n'est que la maniere ou " le mode " suivant lequel les Citoyens doivent se " rassembler, se former et agir, lors- " qu'ils sont requis de remplir leur ser- " vice. "

D. Cette organisation est-elle la même dans tout l'Empire ?

R. " Comme il n'y a qu'une Nation, " il n'y a qu'une Garde Nationale, sou- " mise aux mêmes regles, à la même " discipline, et au même uniforme. "

D. Quel est le mode suivant lequel les Gardes Nationales doivent se rassembler, se former et agir ?

R. Ce mode ou maniere, ainsi que celui de l'Armée, sont établis par des Lois de détail, qui ne peuvent être l'objet d'une instruction élémentaire, et que l'expérience ou la plus légere étude appren- dront facilement à ceux qui sont intéressés à les connoître.

ARTICLE XIII.

Du Pouvoir Judiciaire en France.

D. Qu'entendez-vous par le Pouvoir Judiciaire ?

R. C'est celui qui applique la Loi aux différens cas particuliers, pour le repos et droit de chacun.

D. Dans les mains de qui réside ce Pouvoir ?

Art. XIX. " Le Pouvoir Judiciaire ne
» pourra en aucuns cas être exercé par
» le Roi, ni par le Corps Législatif ; mais
» la Justice sera administrée au nom du
» Roi, par les seuls Tribunaux établis
» par la Loi, suivant les principes de la
» Constitution et selon les formes déter-
» minées par la Loi. "

D. Pourquoi ce pouvoir ne peut-il être exercé par le Roi, ni par le Corps Législatif ?

R. Toujours pour éviter la réunion des Pouvoirs qui conduiroient au Despotisme ; le Pouvoir qui fait la Loi ne doit point l'appliquer, et celui qui l'applique ne doit point la faire exécuter.

D. Vous dites cependant que la Justice sera administrée au nom du Roi ?

R. C'est que la Loi une fois appliquée

à un cas particulier, c'est au Roi à faire exécuter l'application de la Loi : par exemple, si les Juges déclarent qu'une somme m'est due légitimement par un tiers, c'est au Roi à employer les moyens qu'a le Pouvoir Exécutif pour que cette somme me soit payée.

D. Les Lois sont-elles les mêmes pour toute la France ?

R. Jusqu'à l'époque de notre Révolution, les Lois ont été différentes, selon les différentes Provinces ; quelques-unes se gouvernoient encore par les Lois des Romains, qu'on appelle le Droit Écrit ; d'autres n'avoient de Lois que celles qui ont été introduites par la Coutume ; d'autres enfin méloient le Droit Écrit avec leurs Coutumes. Depuis la renonciation des Provinces à leurs Privileges et Coutumes, nos Représentans ont d'abord décrété pour toute la France une Réforme provisoire de la Procédure Criminelle, par laquelle ils ont supprimé pour les Accusés toute peine de question, la honte de la sellette, et leur ont accordé des conseils pour leur défense : ce sont deux grands bienfaits qui étoient dus à des hommes libres.

Quant au Code des Lois Civiles, ils ont déjà annoncé leur intention d'en faire la réforme, et de créer de nouvelles Lois pour tout l'Empire ; afin que tous les François, enfans d'une même Patrie, ne vivent que du même esprit et dans les mêmes sentimens : mais cet ouvrage immense demande des années de travail et de combinaison, et l'on ne peut l'entreprendre, que lorsque les grands travaux de la Constitution seront achevés.

D. Les Membres des Tribunaux Judiciaires par qui doivent-ils être choisis ?

R. Puisque ni le Corps Législatif, ni le Pouvoir Exécutif n'ont le Pouvoir Judiciaire, le choix des Juges appartient donc au Peuple de qui émane essentiellement tout Pouvoir.

D. Comment le Peuple nomme-t-il ses Juges ?

R. De la même maniere qu'il nomme ses Représentans au Corps Législatif, ou aux Assemblées Administratives : sur chaque cent Citoyens, on en députe un aux Assemblées Électorales, chargé des Pouvoirs du Peuple pour lui donner des Juges.

D. On n'achettera donc plus le droit de rendre la Justice, et de juger les Hommes ?

R. Un des grands bienfaits de la Constitution est d'avoir détruit la vénalité des charges, et la multitude des abus qui s'ensuivoient. " La vénalité des Offices de " Judicature est abolie pour toujours, " les Juges rendront gratuitement la Justice, et seront salariés par l'Etat.

D. Les Juges élus par le Peuple sont-ils nommés pour leur vie, ou pour un temps seulement ?

R. Les Hommes nommés à des places, pour leur vie, oublient aisément qu'ils les tiennent du choix du Peuple, et les regardent bientôt comme leurs propriétés ; de-là tous les efforts qu'ils font pour s'arroger des privileges ; de-là le despotisme et la grande autorité des anciens Corps Judiciaires. La Constitution a donc sagement établi que " Les Juges seront élus pour six " années, à l'expiration desquelles il sera " procédé à un élection nouvelle, dans " laquelle les mêmes Juges pourront être " réélus. " Ceux-ci sont donc intéressés par leur intégrité, et leurs vertus civiques à mériter de nouveau les suffrages du Peuple.

D. Les Juges n'ont-ils pas des Adjoints dans leurs fonctions ?

R. Il sera nommé aussi des Suppléans " qui, selon l'ordre de leur nomination, " remplaceront, jusqu'à l'époque de la " prochaine élection, les Juges dont les " places viendront à vaquer dans le cours " des six années; une partie des Suppléans " sera prise dans la Ville même du Tri- " bunal, pour servir d'Assesseurs, en cas " d'empêchement momentané de quel- " ques-uns des Juges. "

D. Outre le choix du Peuple, les Juges n'ont-ils pas besoin encore d'être établis par le Roi ?

R. Le Roi qui doit faire exécuter la Loi, doit reconnoître les Juges et les faire

reconnoître pour tels. « Les Juges élus et
» les Suppléans, lorsqu'ils devront entrer
» en activité, recevront du Roi des Let-
» tres-Patentes scellées du sceau de
» l'Etat, lesquelles ne pourront être
» refusées, et seront expédiées sans retard
» et sans frais, sur la seule présentation
» du Procès-verbal d'élection. »

D. Combien y a-t-il de sortes de Tribunaux ?

R. Il y a dans chaque District un Tribunal composé de cinq Juges, ou de six,
dans les Villes au-dessus de cinquante
mille ames, et de quatre suppléans ; et
de plus, dans chaque Canton, il y a un
Juge de Paix, et des Prud'Hommes assesseurs du Juge de Paix.

D. Quelles sont les causes ou matieres
qui sont de la compétence du Juge de
Paix.

R. Le Juge de Paix, assisté de deux
» Assesseurs, connoît avec eux de toutes
» les causes purement personnelles et
» mobiliaires, sans appel, jusqu'à la valeur
» de cinquante livres ; et à charge d'appel
» au Tribunal de District, jusqu'à la
» somme de cent livres : le Juge de Paix
» connoît encore, sans appel, jusqu'à la
» valeur de cinquante livre, et à charge
» d'appel au-dessus de cette valeur, de
» quelques causes réelles » d'un moindre
intérêt et déterminées par la Loi, comme
des « actions pour dommages faits, des

» déplacemens de bornes, des répara-
» tions locatives des maisons et fermes,
» du payement des salaires des gens de
» travail, etc. »

D. Qu'entendez-vous par causes personnelles, causes mobiliaires, causes
réelles et mixtes?

R. On appelle causes personnelles,
celles où il s'agit d'une demande formée
contre quelqu'un qui s'est obligé, ou que
la Loi oblige à quelque chose, et pour
laquelle on n'a d'action que contre sa
personne.

On appelle causes mobiliaires celles où
le demandeur ne conclut qu'au payement
d'une somme d'argent, ou à la restitution
d'effets mobiliers.

On appelle causes réelles, celles où il
s'agit de la propriété d'un fond immeuble,
ou de droits fonciers, tels que cens, rentes
foncieres, etc.

Enfin on appelle causes mixtes, celles où
l'action personnelle est jointe à la réelle.

D. Pourquoi appelle-t-on ce premier
Juge, Juge de Paix?

C'est que ce Juge et ses Assesseurs doivent former un Bureau de paix et de conciliation, pour toutes les matieres qui exce-
dent sa compétence, et même de la plus
grande importance. « Aucune action ne
» peut être reçue au civil devant les Juges
» de District, entre Parties qui seront
» toutes domiciliées dans le Ressort du

» même Juge de Paix, si le Demandeur
» n'a pas donné en tête de son exploit
» copie du certificat du Bureau de Paix,
» constatant que sa Partie a été inutile-
» ment appellée à ce Bureau, ou qu'il
» a employé sans fruit sa médiation. »
Pour prévenir les Procès et leurs suites,
la Loi avant de nous admettre au Palais
de la Justice veut nous faire passer par
le Temple de la Concorde : on ne sauroit
donc trop rechercher dans les Membres
qui composent ces Bureaux, les lumieres,
l'intégrité, l'affabilité et autres qualités
propres à concilier les parties, et les
ramener à la paix.

D. Pourquoi est-il dit « Entre les Par-
» ties qui seront toutes domiciliées dans
» le Ressort du même Juge de Paix. »

R. Parce que, pour les Parties domiciliées dans les Ressorts de différens Juges
de Paix, « En chaque Ville où il y a un
» Tribunal de District, le Conseil général
» de la Commune doit former un Bureau
» de Paix, composé de six Membres
» choisis pour deux ans parmi les Ci-
» toyens recommandables par leur patrio-
» tisme et leur probité, dont deux au
» moins seront Hommes de Lois. » Et
c'est à ce Bureau de Paix que doivent
aussi se présenter, pour avoir pareil certificat, tous ceux qui d'un Tribunal de
District veulent appeller à un autre,
avant d'être admis à l'appel.

D. Et pour les contestations ou divisions de familles, la Loi ne présente-t-elle pas aussi des moyens de conciliation ?

R. Pour prévenir autant qu'il est possible les procès, quelquefois scandaleux, et souvent humilians, qui peuvent s'élever entre proches parens ou alliés, la Loi a sagement établi un Tribunal de Famille. " S'il s'éleve quelque contestation entre
» mari et femme, pere et fils, grand-pere
» et petit-fils, freres et sœurs, neveux et
» oncles, ou entre alliés au degré ci-
» dessus, comme aussi entre les pupilles
» et leurs tuteurs, pour choses relatives
» à la tutelle, les Parties seront tenues
» de nommer des parens, ou à leur dé-
» faut, des amis et voisins, pour arbitrer,
» (au nombre de deux chacun); devant
» lesquels ils éclairciront leur différent,
» et qui après les avoir entendues, et
» avoir pris les connoissances nécessaires,
» rendront une décision motivée. » Après ce préliminaire, " La partie qui se croira
» lésée par la décision arbitrale, pourra
» se pourvoir par appel devant le Tri-
» bunal de District, qui prononcera en
» dernier ressort. "

D. Le Tribunal de Famille n'a-t-il pas aussi le droit d'arrêter l'inconduite des enfans ?

R. L'Article qui suit pourvoit également à la mauvaise conduite des enfans. " Si un pere, ou une mere, ou un aïeul,

» ou un tuteur, a des sujets de mécon-
» tentement très-graves sur la conduite
» d'un enfant, ou d'un pupille, dont il
» ne puisse plus réprimer les écarts, il
» pourra porter sa plainte au Tribunal
» domestique de la famille assemblée, au
» nombre de huit parens les plus proches,
» ou de six au moins, s'il n'est pas pos-
» sible d'en réunir un plus grand nombre ;
» et à défaut de parens, il y sera suppléé
» par des amis ou voisins. Le Tribunal
» de Famille, après avoir vérifié les
» sujets de plainte, pourra arrêter que
» l'enfant, s'il est âgé de moins de vingt-
» un ans accomplis, sera renfermé pen-
» dant un temps, qui ne pourra excéder
» celui d'une année dans les cas les plus
» graves. »

D. Quelles sont les causes de la compétence des Juges de District ?

R. « Les Juges de District connoîtront
» en première instance de toutes les affai-
» res personnelles, réelles et mixtes, en
» toutes matieres ; excepté seulement
» celles qui ont été dites ci-dessus être de
» la compétence des Juges de Paix ; ex-
» cepté aussi les affaires de Commerce,
» dans les Districts où il y a des Tribu-
» naux de Commerce établis ; et le con-
» tentieux de la Police Municipale.

» Les Juges de District connoîtront
» aussi, en premier et dernier ressort,
» de toutes affaires personnelles et mobi-

» liaires , jusqu'à la valeur de mille livres
» de principal , et des affaires réelles ,
» dont l'objet principal sera de cinquante
» livres de revenu déterminé , soit en
» rente , soit par prix de bail. »

D. Quels sont les Tribunaux qui ont
la compétence , en dernier ressort, des
affaires au-dessus de la valeur de mille
livres , ou de cinquante livres de revenu ?

R. « Les Juges de Districts sont Juges
» d'appel les uns à l'égard des autres » au
choix des Parties , et d'après des rapports
déterminés par la Loi. Les Tribunaux
établis dans chaque District ont donc tous
le même pouvoir et ne sont point supérieurs les uns à l'égard des autres.

D. Pourquoi avez-vous excepté de la
compétence des Juges de District les affaires de Commerce ?

R. Cette exception n'a lieu que pour
les Tribunaux de District dans le ressort
desquels il y a des Tribunaux de Commerce établis. « Ce Tribunal doit con-
» noître de toutes les affaires de Com-
» merce , tant de terre que de mer , sans
» distinction. Il doit être composé de cinq
» Juges , élus dans l'assemblée des Négo-
» cians , Banquiers , Marchands , Manu-
» facturiers , Armateurs et Capitaines de
» navire , domiciliés et ayant fait le com-
» merce au moins depuis cinq ans dans
» la ville où le Tribunal est établi. »

D. Pourquoi avez-vous encore excepté

de cette compétence le contentieux de la Police ?

R. C'est que « Les Corps Municipaux » doivent veiller et tenir la main dans » l'étendue de chaque municipalité à » l'exécution des Loix et des Réglemens » de Police, et ont droit de connoître du » contentieux, auquel cette exécution » peut donner lieu, à la requête du Pro- » cureur de la Commune, ou du Citoyen » qui en ressent un tort ou un danger » personnel. » Leurs Jugemens doivent être exécutés par provision, avec appel néanmoins au tribunal de District.

D. Quelles sont donc les fonctions et les devoirs des Juges ?

R. Leurs fonctions se réduisent à appliquer la Loi, ou à déclarer que tel particulier est dans tel cas prévu par la Loi ; après avoir néanmoins observé les formes prescrites pour avoir la certitude du fait et de ses circonstances. Leurs devoirs consistent donc à étudier et connoître parfaitement la Loi, pour en faire l'application dans toute justice, sans distinction quelconque de rang et de personnes.

D. A qui appartient de veiller à ce que les Loix soient observées et bien appliquées ?

R. C'est au Roi, chargé du maintien de la Loi, d'y veiller, et même de le requérir des Juges ; et c'est pour cela qu'il a le droit de nommer dans chaque Tribunal un Officier chargé des fonctions du Ministere public, qu'on appelle Commissaire du Roi.

D. Quelles sont les fonctions de ces Commissaires du Roi?

R. Elles consistent sur-tout à présenter aux Juges la Loi dans leurs conclusions, pour que ceux-ci en fassent une juste application; à faire exécuter les Jugemens rendus; à veiller aux intérêts des pupilles, des mineurs, des interdits, des absens; et en un mot de requérir que la Loi soit exécutée dans toutes les circonstances: et de là on peut conclure que si le Roi n'est pas notre Juge, il est au moins notre Protecteur dans Justice.

D. Et s'il arrive que les Juges, ou interprêtent, ou appliquent mal la Loi, à qui appartient-il d'en connoître?

R. La Constitution a établi pour cela un Tribunal de Revision ou de Cassation, *unique* pour tout l'Empire et *sédentaire auprès du Corps Législatif*. C'est le seul Tribunal supérieur en France. Il est composé de quarante-deux Membres, nommés alternativement par la moitié des Départemens. Parmi ces quarante-deux Membres on choisit quatre grands Juges, qui joints à un Haut-Juré, composé de deux Membres de chaque Départemens, forment la Haute Cour Nationale, dont la compétence est de connoître des crimes de *lese-Nation*; c'est-à-dire, des faits et manœuvres qui sont contre la Constitution , et qui attaquent directement ou indirectement la souveraineté de la Nation , de la Loi, ou du Roi.

D. Et à l'égard des crimes ordinaires qui n'attaquent pas la Constitution, quel est le Tribunal qui doit en connoître ?

R. « Il est établi un Tribunal criminel » pour chaque Département : ce Tribu- » nal est composé d'un Président nommé » par les Electeurs du Département, et » de trois Juges pris , tous les trois mois » et par tour , dans les Tribunaux de » District , le Président excepté ; de telle » sorte que le Jugement ne peut être » rendu qu'à quatre Juges.

» Il y a près ce Tribunal un Accu- » sateur public , également nommé par » les Electeurs du Département.

» Un Commissaire du Roi est aussi » toujours de service près ce Tribunal. »

D. La forme des Jugemens criminels est-elle la même que pour les causes civiles ?

R. « Nul ne peut être poursuivi crimi- » nellement et jugé que sur une accusa- » tion reçue par un Juré composé de huit » Citoyens.

» Et pour former le Juré de Jugement, » le nombre de douze Jurés est absolu- » ment nécessaire. »

D. Quelles sont les fonctions de ces Jurés ?

R. Elles

R. Elles consistent à examiner avec l'attention la plus scrupuleuse les charges portées contre l'Accusé, à recevoir les preuves pour ou contre lui, à entendre les Témoins, recueillir les dépositions, se convaincre de la vérité du fait avec l'impartialité et la fermeté qui conviennent à un homme juste et libre. De sorte que les Juges n'ont ensuite qu'à appliquer la Loi au fait particulier, dont l. vérité leur est garantie par le Corps de. Jurés.

D. Quel est l'avantage de cette institution des Jurés?

R. Cette institution est des plus utiles pour prévenir l'arbitraire du Juge dans l'application de la Loi, arbitraire qui auroit lieu bien plus facilement, s'il avoit à juger tout à la fois sur la nature et la certitude du fait, et sur la Loi qui doit lui être appliquée. Les Jurés lui présentent la certitude et la nature du fait, et les Juges déclarent que tel fait, d'après la Loi, mérite telle peine à son auteur.

L'honneur et la vie des Hommes étant ce qu'ils ont de plus précieux, un des bienfaits de la Constitution est d'avoir pris toutes ces mesures, pour prévenir la négligence et l'arbitraire dans des causes aussi essentielles.

D. Quelles sont les fonctions de l'Accusateur public?

R. Elles consistent sur-tout à dénoncer

tous les prévaricateurs contre la Loi, ou présumés tels avec fondement : tout Citoyen a bien le droit d'exercer cette dénonciation ; mais pour prévenir ou l'indifférence ou la crainte, que chacun peut avoir de s'établir Dénonciateur de son Concitoyen, la Loi a établi un Accusateur public pour remplir ce devoir ; et c'est de son exactitude que dépendent la sûreté et la tranquillité publique.

ARTICLE XIV.

De la nécessité d'une Religion dans un État.

D. LA Religion est-elle utile dans un Empire ?

R. On doit la regarder comme absolument nécessaire : sans la Religion il n'y a point de bonnes mœurs, et sans les bonnes mœurs il ne peut y avoir ni sûreté ni prospérité dans un État.

D. Comment cela ?

R. C'est que les Loix auront beau parler, prescrire des devoirs, prononcer des peines, les méchans auront souvent le secret de les éluder ; et la plupart des désordres, des injustices, et des perfidies, se déroberont à la vigilance des Magistrats.

D. Quels moyens présente la Religion pour nous porter à l'observation des Lois?

R. Elle contient le méchant par la terreur, ou le rappelle au repentir par les remords; et présente à l'homme vertueux, le plus puissant aiguillon pour l'encourager et le soutenir dans le bien.

D. Comment contient-elle le méchant par la terreur?

R. La Religion lui montre au-dedans de lui-même un témoin qui toujours lui reproche son crime, c'est la conscience; et elle lui fait entendre la voix redoutable d'un Juge sévere qui punit jusqu'à la pensée du crime, c'est l'Être suprême.

D. Comment la Religion encourage-t-elle l'Homme de bien?

R. En lui faisant voir un Dieu qui l'observe, et qui tient un compte exact de ses bonnes actions, et en lui rendant facile la pratique des vertus par l'espoir de la récompense qui l'attend.

D. La Religion nous fait-elle un précepte de l'observation des Lois?

R. La Religion Chrétienne nous en fait un devoir des plus sacrés. S. Paul écri-» voit aux Romains " D'être soumis aux » Puissances supérieures; car toute Puis-» sance vient de Dieu, et que celui qui » résiste à la Puissance résiste à l'ordre » de Dieu. "

La Religion, ou Dieu qui en est l'auteur, laisse aux hommes la liberté de se gouverner suivant les Lois qu'ils jugent les plus convenables , et d'adopter le Gouvernement qu'ils jugent le plus avantageux ; mais ce Gouvernement une fois adopté , elle dit à chaque particulier : Ne résistez point à la puissance , ne troublez point l'ordre établi ; car je suis amie de l'ordre : d'où il suit que quoique la Nation , ou sa majorité , ait le droit de réclamer contre le Gouvernement établi , de le changer ou de le réformer , si elle le trouve mauvais , contraire à la raison et à la nature , le Particulier cependant est obligé de se soumettre , et de se conformer à l'ordre établi , quel qu'il soit.

D'ailleurs c'est la Religion qui autorise et rend sacrée la Loi du serment que tout Citoyen est obligé de prêter à son Souverain , d'obéissance et de fidélité.

D. Qu'est-ce que le Serment que l'on prête au Souverain ?

R. C'est une promesse qu'on lui fait de lui être soumis, dans laquelle on prend Dieu lui-même témoin de notre sincérité , et caution , en quelque sorte de l'engagement que nous prenons ; et la Religion Chrétienne nous fait un précepte spécial de ne jamais prendre le nom de Dieu en vain , et elle met le parjure au rang des crimes les plus odieux.

D. Ce seroit donc un crime de résister aux Décrets de l'Assemblée Nationale , sanctionnés par le Roi ?

[77]

R. Après les Sermens de fidélité et de
soumission qu'en ont fait tous les François, ce seroit un crime des plus mani-
festes : d'ailleurs la maxime de S. Paul
n'est jamais plus vraie que dans le cas
présent ; car si chaque Citoyen doit soumission aux Puissances qui ont l'autorité,
et qui même en abusent, combien plus
ne le doit-il pas à la Nation elle-même,
nous donnant des Lois par ses Représentans.

D. Mais si les Représentans nous imposent des Lois contre notre propre avis et
nos propres intérêts ?

R. J'ai déjà dit que nul particulier ne
peut s'établir Juge de la Loi, à moins de
renverser tout principe de société ; que
tout bon Citoyen, du moment que la Loi
parle, doit s'y soumettre, et sacrifier ses
propres intérêts au bien, au repos et
au salut de l'État : ce devoir est bien plus
pressant encore pour le Chrétien, dans
les circonstances où le vrai et légitime
Souverain impose des Lois, et où toute
résistance ne pourroit que produire le
désordre, l'anarchie, et le renversement
de toute Religion et de toute Société.

D. Quelle est la Religion de l'Empire
François ?

R. La Religion Catholique, Apostoli-
que et Romaine, y a été prêchée et
établie par les premiers successeurs des
Apôtres, et elle s'y conserve encore

la Religion presque universelle de la Nation.

D. Tout François est-il obligé de faire profession de la Religion Catholique?

R. D'après les droits de l'Homme, *nul ne peut être inquiété pour ses opinions même religieuses, pourvu que leur manifestation ne trouble pas l'ordre public établi par la Loi;* mais tout homme de bonne foi, et qui ne se laissera point prévenir par les préjugés et les passions, restera convaincu dans l'étude de cette Religion qu'elle est infiniment vénérable par son antiquité, par sa sainteté, par la sublimité de ses dogmes, par la pureté de sa morale, et la seule fondée sur des preuves de fait les plus incontestables.

D. Est-il permis au nom de la Religion Catholique de prêcher et de pratiquer la persécution et l'intolérance?

R. Non sans doute: car son esprit est un esprit de douceur et de charité: elle veut que l'on gagne, que l'on attire, que l'on persuade, et non que l'on persécute.

D. Son Culte et ses Ministres sont-ils autorisés par la Loi?

R. Son Culte et ses Ministres sont publics et autorisés par la Loi; tout Citoyen quelque Religion qu'il professe, doit donc respecter le Culte public, et les Ministres de ce Culte.

D. Qui est-ce qui pourvoit aux frais de ce Culte?

R. L'Assemblée Nationale a déclaré que les frais du Culte de la Religion Catholique seroient à la charge de la Nation; obligation qu'elle a regardée comme de stricte justice, après avoir disposé, en faveur de la Nation, des biens destinés à l'entretien du Culte et des Ministres. C'est ainsi qu'elle s'exprime dans un Décret du 2 Novembre 1789 : « L'Assem-
» blée Nationale déclare que tous les
» biens ecclésiastiques sont à la disposi-
» tion de la Nation, à la charge de pour-
» voir d'une maniere convenable aux frais
» du Culte, à l'entretien des Ministres,
» et au soulagement des pauvres. » Et dans celui du 13 avril 1790, elle dit :
« Dans l'état des dépenses publiques de
» chaque année, il sera porté une somme
» suffisante pour fournir aux frais du
» Culte de la Religion Catholique, Apos-
» tolique et Romaine, à l'entretien des
» Ministres des Autels, et au soulage-
» ment des Pauvres. »

D. Pourquoi l'Assemblée Nationale a-t-elle regardé cette obligation comme de stricte justice?

R. Parce qu'ayant disposé des biens destinés aux frais du Culte et à l'entretien des Ministres, elle s'est mise au lieu et place des Bénéficiers, qui, en recevant ces biens des Fondateurs pour les administrer, avoient contracté l'obligation de pourvoir aux frais du Culte et au maintien de la Religion ; cette obligation étant de stricte justice de leur part, est devenue la même pour la Nation : et de-là on peut conclure que la Religion Catholique n'en appartient que mieux, et n'en doit être que plus chere aux François, puisque son Culte et ses Ministres sont devenus tout entiers, par droit de justice, à la charge de la Nation.

ARTICLE XV.

De la Constitution Civile du Clergé, et des limites des deux Puissances.

D. L'ASSEMBLÉE Nationale avoit-elle le droit de disposer, comme elle a fait, des biens du Clergé, et de lui donner une Constitution Civile ?

R. L'Assemblée Nationale, par le seul titre qu'elle a donné à cette Constitution, en la qualifiant de Constitution *Civile*, a bien déclaré que son intention n'étoit point de se mêler des choses spirituelles, et de porter, comme on dit, la main à l'encensoir ; elle en a fait ensuite la déclaration la plus expresse : mais il nous sera plus facile de juger qu'elle n'a point passé les bornes de sa puissance, quand nous aurons établi quelques principes tirés de la raison et de la foi Chrétienne, qui doivent servir de base à l'exercice des deux Puissances spirituelle et civile.

ART. Ier. Il n'y a point de Puissance qui ne vienne de Dieu ; et c'est lui qui a ordonné celles qui sont dans le monde.

ART. II. Celui qui s'oppose aux Puissances, résiste à l'ordre de Dieu ; et ceux qui y résistent, attirent la condamnation sur eux.

ART. III. Il y a sur la terre deux Puissances bien distinctes l'une de l'autre ; la Puissance spirituelle et la Puissance civile.

ART. IV. La Sagesse divine ne pouvant être contraire à elle-même, Dieu n'a pu établir les deux Puissances de maniere à ce qu'elles soient opposées : il a voulu au contraire qu'elles pussent se soutenir et s'entr'aider réciproquement. Leur union est un don du Ciel qui leur prête une force nouvelle, et les met à portée de remplir les desseins de Dieu sur les Hommes.

ART. V. La Puissance spirituelle est souveraine, absolue, et indépendante en ce qui est de son ressort : et comme ce n'est pas aux dépositaires de l'autorité spirituelle qu'il appartient d'administrer l'Empire, de même ceux qui exercent la puissance civile, n'ont point le droit de gouverner l'Eglise, en tout ce qui ne tient pas au civil.

ART. VI. La Puissance civile est souveraine, absolue, et indépendante de la Puissance spirituelle, dans tout ce qui est de son ressort ; elle n'est comptable qu'à Dieu, et le voit seul au-dessus d'elle.

ART. VII. La Puissance civile a pour objet les choses humaines, et pour but le gouvernement des Hommes et leur bien temporel, la vie, l'honneur, la fortune, la liberté civile, la paix et la sûreté.

ART. VIII. La Puissance spirituelle a pour objet les biens spirituels, la connoissance de Jesus-Christ, et la sanctification des ames.

ART. IX. Jesus-Christ a confié le principal exercice de cette Puissance à ses Apôtres, et par-là aux Evêques qui sont les vrais successeurs des Apôtres. Il a aussi établi d'autres Pasteurs, sous leur autorité, pour être leurs coopérateurs, et ceux-ci ont succédé à ses Disciples.

ART. X. La Puissance civile n'a pas le droit d'empêcher le légitime exercice de la Puissance spirituelle, dans tout ce qui est essentiel à la Religion ; c'est-à-dire dans tous les actes que celle-ci prescrit d'une maniere absolue, pour avoir part à ses promesses. S. Pierre répondit aux Juifs qui lui défendoient de prêcher le nom de Jesus-Christ, qu'il falloit obéir à Dieu avant d'obéir aux Hommes.

ART. XI. La Puissance civile n'a donc pas le droit d'empêcher l'exercice de la Religion Chrétienne. Elle en a le malheureux pouvoir physique ; mais ce pouvoir n'est autre chose que celui des Néron et des Dioclétien, qui ont persécuté le nom Chrétien.

ART. XII. L'intention de Jesus-Christ, en envoyant ses Apôtres, et leur confiant la Puissance spirituelle, n'a pu être que cette Puissance fût opposée à la Puissance civile, dans tout ce qui ne tient pas à l'exercice essentiel de la Religion ; Jesus-Christ ne les a pas envoyés pour gêner les Puissances dans leur droit naturel : au contraire, il leur a ordonné de leur être soumis, et leur a dit que son Royaume n'est pas de ce monde ; d'ailleurs il y eut eu des obstacles bien plus grands à la connoissance de son nom et à la propagation de l'Evangile, en exigeant de la Puissance civile le sacrifice de ses droits, en ce qui n'est pas essentiel à l'exercice de sa Religion.

ART. XIII. Pour faciliter la propagation de son nom, l'intention de Jesus-Christ est donc que la Puissance spirituelle soit subordonnée à la Puissance civile, en tout ce qui n'est pas essentiellement contraire à la Religion.

ART. XIV. La Puissance civile, en autorisant l'exercice de la Religion, n'est point tenue de faire le sacrifice de ses pouvoirs, en tout ce qui n'est pas contraire à l'exercice essentiel de la Religion : elle peut donc imposer toutes les clauses et conditions à cet exercice, qui ne seront pas opposées à l'essence de la Religion.

ART. XV. Dans tous les objets mixtes et qui sont du concours des deux Puissances, la Puissance spirituelle doit donc entendre la Puissance civile et se conformer à sa Loi, en tout ce qui n'est pas contraire à l'exercice essentiel de la Religion. Pourvu que le culte du vrai Dieu ne soit pas empêché, dit S. Augustin, l'Eglise se conforme aux Lois et aux coutumes des Nations. *De civit. Dei, Lib.* 19, *c.* 17.

ART. XVI. Tout acte extérieur quelconque, soit d'une société, soit d'un individu, et assez public pour pouvoir frapper les oreilles du Magistrat, est du ressort naturel de la Puissance civile : car il est évident que tout acte de cette nature peut être soumis aux Loix et à la Police d'un Etat. La Loi civile peut donc régler en tout l'exercice extérieur de la Religion, pourvu qu'elle ne contrarie en rien l'essentiel de la Religion.

ART. XVII. La Puissance civile, en réglant cet exercice, ne peut pas conférer des pouvoirs qui dépendent de la Puissance spirituelle ; mais elle peut régler l'exercice de ces pouvoirs, quant à tout ce qu'ils ont d'extérieur, pourvu qu'elle ne touche pas à leur essence.

ART. XVIII. Si la Puissance civile défendoit l'exercice des Pouvoirs spirituels à tous les individus de la société, ce seroit par-là même défendre l'exercice de la Religion. Mais si cette défense ne s'étend qu'à quelques individus , selon qu'elle le juge convenable au bien et au bon ordre de la société , elle ne doit pas être accusée pour cela de rejeter l'exercice de la Religion.

ART. XIX. La Puissance civile peut , à plus forte raison , régler , modifier , permettre ou défendre tous les actes extérieur qui n'ont aucun rapport essentiel à la Religion, mais qui leur sont accessoires : ce pouvoir est une des conditions qu'elle se réserve , et sous laquelle elle permet les actes essentiels de Religion.

ART. XX. La disposition des biens accordés pour l'exercice de la Religion , n'est qu'un accessoire , ou mode extérieur du Culte de la Religion : la Puissance civile peut donc, sans toucher à l'essence de la Religion , présider à la distribution de ces biens , veiller à leur emploi, et même se charger elle-même de cet emploi , en remplissant avec fidélité les charges pour lesquelles ces biens ont été donnés. Tous ces actes sont extérieurs et du ressort du Magistrat , et peuvent être une des conditions sous laquelle la Loi autorise l'exercice de la Religion.

ART. XXI. La Puissance civile peut exiger dans les Ministres d'une Religion qu'elle autorise dans son exercice , les conditions et qualités extérieures qu'elle juge convenables ; comme par exemple celle de la confiance du Peuple , d'être Citoyen , etc.

ART. XXII. La Puissance civile peut donc présenter elle-même les Ministres de la Religion , ou en ordonner le choix d'après des regles relatives aux qualités extérieures qu'elle exige d'eux.

ART. XXIII. La Puissance civile , par cette présentation , ne confere aucun pouvoir spirituel aux Ministres ; ces pouvoirs dépendant uniquement de la Puissance spirituelle.

ART. XXIV. La Puissance spirituelle ne peut être forcée par aucune Loi civile , d'exercer ses pouvoirs ou de les conférer à ceux qui lui sont présentés pour être Ministres : mais si le refus en étoit universel , et de la part de tous ceux qui exercent la Puissance spirituelle , ne seroit-il pas à craindre qu'on ne le regardât comme un refus absolu d'exercer la Religion dans l'Etat ? (Qu'on juge d'après ce principe à quel danger , à quels malheurs , la Religion est exposée par la trop grande résistance à la Constitution Civile du Clergé. Mais Jesus-Christ a pourvu aux crises funestes où pourroit se trouver son Eglise, en donnant à tout Evêque , successeur immédiat des Apôtres , le pouvoir d'en ordonner et instituer d'autres ; il nous en reste encore assez pour ne pas perdre la succession : on ne peut donc que louer et applaudir au serment des Ministres qui se sont soumis à la Loi.)

ART. XXV. La Puissance civile peut fixer l'étendue des territoires, dans laquelle chaque Ministre peut exercer publiquement et légalement ses pouvoirs spirituels : en cela elle ne détruit ni même ne restraint les pouvoirs spirituels du Ministre , qui ne sont pas de son ressort ; mais elle fixe des limites au-delà desquelles le Ministre ne peut exercer publiquement et légalement ses pouvoirs.

ART. XXVI. Le changement de ces limites dépend en tout temps de la Puissance civile : lors donc que pour le bon ordre et le bien de l'Etat , elle juge convenable de les agrandir ou de les resserrer , elle n'ôte ni ne donne aucun pouvoir spirituel aux Ministres ; mais seulement elle présente quelques nouveaux Ministres à la puissance spirituelle , pour qu'ils en reçoivent des pouvoirs spirituels , et défend à quelques autres l'exercice public et légal de leurs pouvoirs spirituels dans leurs territoires supprimés.

Appliquons ces principes lumineux , incontestables à tout homme de bonne foi , et qui sont une suite évidente les uns des autres ; appliquons-les, dis-je aux opérations de l'Assemblée Nationale ; et nous verrons qu'elle n'a point passé les bornes de sa Puissance.

1°. Elle a disposé des biens du Clergé :

mais ces biens n'ont qu'un rapport éloigné avec le Culte. Pendant les trois premiers siecles de l'Eglise, les Ministres ne vivoient que des aumônes des Fideles et des offrandes de l'Autel : la Religion étant devenue dans la suite la Religion de l'Empire, et ayant été autorisée à avoir un Culte public, la piété d'un grand nombre de Fideles les porta à donner des biens pour l'entretien du Culte, pour celui des Ministres et pour le soulagement des pauvres : les Ecclésiastiques qui avoient l'administration et non la propriété de ces biens, devoient en faire l'emploi selon l'intention des Fondateurs, et ne réserver pour eux que le simple nécessaire, selon l'esprit des saints Canons, pour ne pas se rendre coupables d'injustice : ce qui prouve que les titulaires de bénéfices en étoient les simples administrateurs, et non les propriétaires : mais des abus sans nombre, que nous ne rappellerons pas, s'étoient glissés dans l'administration de ces biens. La Puissance civile a donc pu détruire efficacement ces abus, en disposant de ces biens et se chargeant elle-même de remplir les intentions des Fondateurs ; en salariant convenablement et décemment les Ministres utiles ; en laissant aux anciens usufruitiers une portion de ces fruits, au-delà même de ce que la justice et les Canons leur permettoient d'appliquer en leur faveur ; en pourvoyant décemment aux frais du Culte, et au soulagement des pauvres ; objets qu'elle a déclarés être à sa charge, comme nous l'avons vu ci-devant. La Puissance civile n'a donc rien fait en cela qu'elle n'eut le droit et le pouvoir de faire ?

2°. Elle a ordonné que les Ministres de la Religion seroient choisis par le Peuple ; mais en cela elle n'a fait que rappeller les usages des premiers siecles, et ce qui s'est passé dans la premiere élection d'un Apôtre par les Fideles assemblés au Cénacle. On ne peut que bien présumer en faveur des Ministres, qui, en entrant dans leurs fonctions, y apportent la confiance publique : par ce choix le Peuple ne confere aucun pouvoir spirituel aux Ministres qu'elle choisit, mais seulement elle les présente à la Puissance spirituelle, pour que celle-ci lui confere ses pouvoirs.

3°. La Constitution Civile du Clergé ordonne aux Evêques de recevoir l'institution canonique de l'Evêque Métropolitain et non du Chef de l'Eglise ; mais il est certain que la confirmation des Evêques élus par le Peuple, a long-temps appartenue au Métropolitain : les Conciles de Nicée et de Laodicée disent que : *Le pouvoir de confirmer les Ministres appartiendra dans chaque Province à l'Evêque Métropolitain.* Ce qui a toujours été en pratique jusqu'en 922, sous le Pape

Jean X , qui s'arrogea ce droit sur les Métropolitains. Les Evêques se bornoient alors , par rapport au Pape , à lui signifier leur élection ou plutôt leur consécration déjà faite ; et par l'envoi de leur profession de foi , ils lui demandoient l'union de leur Eglise avec celle de Rome : les Papes par la grande Puissance , même temporelle , dont ils jouissoient , vinrent à bout de s'attribuer le droit d'instituer tous les Evêques du monde Chrétien. François Ier., pour que les Bénéfices françois fussent occupés par des François , et par ceux qui mériteroient bien de l'Etat , traita avec Léon X , pour obtenir de présenter lui-même les Evêques à instituer; ce que ce Pape fut obligé de lui accorder sous la réserve qu'il fit que chaque Evêque lui payeroit le droit d'annate , c'est-à-dire, une année du revenu de son siége : l'Assemblée Nationale , en supprimant cet abus , n'a fait que nous rappeller aux usages pratiqués long-temps dans l'Eglise et dès les premiers siecles.

4°. La Constitution Civile du Clergé a substitué seize ou douze Vicaires de l'Evêque à la forme moderne de nos Chapitres; elle n'a fait en cela que rappeller les anciens devoirs des Chanoines, qui d'abord furent établis au huitieme siecle pour vivre, selon les regles des Canons, sous la surveillance des Evêques, dont ils étoient les Coopérateurs et les Conseils : Curés et Pasteurs , ils en exerçoient toutes les fonctions et formoient un même corps avec les Evêques. Toutes les affaires ordinaires de chaque Diocese se gouvernoient par leur conseil, sous l'autorité suprême de l'Evêque. Un Concile de Carthage commandoit expressément à chaque Evêque, non-seulement de ne donner les ordres à personne, sans avoir pris l'avis de son Clergé, mais même de ne prononcer sur aucune affaire grave, qu'en l'assemblée de son Clergé ; autrement sa sentence étoit déclarée nulle : de-là les Evêques avoient conservé l'usage de ne donner aucun Mandement que de l'avis de leurs Vénérables Freres. Les nouveaux Vicaires de l'Evêque, à part la vie canonique, auront les mêmes fonctions de nos anciens Chanoines , seront comme eux le Conseil permanent de l'Évêque, le vrai Sénat du Diocese. L'Assemblée Nationale n'a donc encore en ce point que rappellé l'ancienne discipline de l'Eglise.

5°. Enfin, la suppression de plusieurs Evêchés et la fixation des nouvelles limites des Dioceses sont des objets temporels, qui n'appartiennent point à l'essence de la Religion, et qui sont du ressort de la Puissance Civile. L'Etat peut avoir le plus grand intérêt au nombre des Ministres, à l'étendue de leurs fonctions pour sa tranquillité et son bonheur : la puissance spirituelle doit donc se conformer en ce point, comme elle a toujours fait, à la Puissance Civile. Quand l'Empire Romain devint Chrétien, l'Eglise suivit la division qu'elle trouva de l'Empire en dioceses et provinces, pour y établir des Pasteurs : lia-t-elle pour cela les mains aux Empereurs, de maniere à ne pouvoir diviser de nouveau leur Empire, sans son consentement. Si donc pour le bien de l'Etat, la Puissance Civile opere une nouvelle division, n'est-il pas du devoir des Pasteurs de s'y conformer ? En cela la Puissance Civile n'ôte ni ne donne aucun pouvoir spirituel aux Ministres, mais seulement elle présente à l'Eglise quelques nouveaux Ministres pour être ordonnés et institués, et défend à quelques autres, devenus inutiles aux yeux de la Loi, d'exercer publiquement et légalement leurs pouvoirs.

Tous les autres articles de la Constitution Civile du Clergé sont d'une bien moindre importance, n'ont de rapport qu'au Culte extérieur, et ne touchent en rien, ainsi que les précédens, à l'essence de la Religion : c'est donc avec raison qu'elle est dite *Constitution Civile*, puisqu'elle ne renferme rien qui par sa nature ne puisse être soumis aux Lois et à la Police d'un Etat, à l'inspection et à l'autorité de la Puissance Civile.

On ne peut se dissimuler que des circonstances impérieuses ont exigé de grands sacrifices de plus d'un individu dans le

Clergé: la Loi cependant n'en laisse aucun sans un traitement proportionné à ce dont il jouissoit ; engagement auquel la justice et la loyauté de la Nation Françoise ne permettent pas de douter qu'elle ne soit fidelle. Ne vaut-il donc pas mieux prêcher J. C. et son Evangile sous les conditions que la Loi nous impose, qui n'ont rien d'incompatible avec ses dogmes et sa morale, que d'y renoncer, parce que la Loi ne nous plaît pas? Ne vaut-il pas mieux encore suivre le conseil de l'Ecriture, faire son offrande de bon cœur, et se consoler par l'espoir bien flatteur que si on est obligé de faire des sacrifices, ils ne seront pas inutiles pour le bonheur du Peuple et l'honneur de la Nation. Après la Religion, un bon François, un Citoyen honnête a-t-il rien de plus cher que le bien de la Patrie et le salut du Peuple? *Salus Populi suprema lex esto.* Mais sur-tout qu'on ne perde pas de vue qu'il s'agit ici tout à la fois et du salut éternel et du salut temporel pour ce bon Peuple que nous devons aimer. Quel intérêt plus puissant pour de pieux Ministres et pour des cœurs généreux ! On ne peut donc voir que des intentions droites et pures dans ceux qui se soumettent à la Loi ; et nous aimons à croire que l'erreur de ceux qui lui résistent de bonne foi ne sera que passagere.

ARTICLE XVI.

Des Devoirs du Citoyen.

D. QUELS sont les principaux devoirs du Citoyen ?

R. De tout ce que nous avons dit jusqu'à présent, il faut en conclure que les devoirs essentiels du Citoyen consistent, 1°. A user des droits du Citoyen avec justice et discernement : 2°. A remplir les fonctions qui nous sont confiées avec exactitude et fidélité : 3°. A être soumis à la Loi et au Roi que nous devons aimer et respecter, comme étant la source de notre tranquillité et du bonheur public : 4°. A payer fidellement les contributions, sans lesquelles il ne peut y avoir ni force ni sûreté publiques : 5°. A ne rien faire qui nuise à autrui, étant là le terme où l'exercice de notre liberté n'est plus légitime : 6°. Enfin à remplir tous ces devoirs par les grands motifs d'amour de la Patrie et d'attachement à la Religion.

D. Pourquoi dites-vous d'abord qu'il faut user des droits du Citoyen avec justice et discernement ?

R. Comme la Nation est le premier souverain de l'Empire, et que chaque Citoyen François a le droit d'être représenté, soit au Corps Législatif, soit aux Assemblées Administratives, et d'élire les Juges, je dis qu'il est du devoir de chaque Citoyen de se choisir des Représentans et des Juges integres, doués des qualités d'esprit et de vertus morales qui distinguent l'honnête homme, d'éloigner de cette auguste représentation et des fonctions de la Justice tous ceux qui sollicitent ou intriguent pour eux ou pour d'autres, comme indignes de la confiance publique ; d'exclure tous les avantageux ou gens qui se poussent d'eux-mêmes, comme ayant des vues intéressées et particulieres, et plus d'empressement de satisfaire leur petite vanité ou leur ambition, que de procurer le bien public. Ce choix doit donc être fait avec justice et discernement en faveur de ceux que nous croyons en conscience les plus dignes ; c'est le serment qu'on en fait prêter dans toutes les élections : et ce devoir est d'autant plus essentiel à remplir, que du bon ou du mauvais choix dépendent le bonheur ou le malheur de la France, le notre propre et celui des générations qui doivent nous succéder.

D. Doit-on regarder comme un devoir d'assiter aux Assemblées où se font les élections ?

R. Si les gens pacifiques et qui n'ont que des intentions droites ne remplissoient ce devoir, les intérêts de la Nation seroient donc entre les mains des intrigans et des ambitieux; que faudroit-il attendre pour lors d'un pareil choix? Il est donc du devoir de tout Citoyen de se trouver aux assemblées légitimement convoquées, et d'y donner son suffrage à celui ou ceux dont la droiture et la probité peuvent le mieux servir l'Etat.

D. Quel est le second devoir du Citoyen?

R. C'est, de quelque emploi dont on soit honoré par le choix de ses Concitoyens, de le remplir avec exactitude et fidélité : y manquer, c'est se rendre indigne de la confiance publique , c'est violer ses engagemens, son serment, et trahir la Nation qui nous a choisis pour veiller à ses intérêts. Un homme public ne s'appartient plus à lui-même, il est tout entier aux fonctions qui lui sont confiées et à la Nation qui l'en a honoré.

D. Sur quoi est fondée la soumission que nous devons à la Loi et au Roi?

R. Cette soumission est fondée sur l'engagement que nous contractons avec la Société par-là même que nous vivons dans son sein: la soumission aux Lois de notre part , protection et sûreté de la sienne , voilà nos principaux engagemens respectifs. Quelque dure que la Loi puisse nous paroître , nous devons donc lui être soumis, et plus encore dans le gouvernement où nous vivons, où la Loi nous est imposée par nous-mêmes ou par nos Représentans; où elle protege également

tous

tous les Citoyens, le pauvre, le riche, le savant, l'ignorant; où sans cette soumission, nous cesserions d'être libres, tranquilles, heureux, et retomberions bientôt sous l'empire de la force et de la tyrannie.

Le Roi étant revêtu par la Nation du pouvoir suprême de concourir à la Loi et de la faire exécuter, nous lui devons également obéissance et fidélité, toutes les fois qu'il parle et qu'il exige notre soumission au nom de la Loi. Quelle reconnoissance d'ailleurs, quel amour ne devons-nous pas à Louis XVI, pour s'être déclaré le chef de la révolution, le protecteur de son Peuple, et avoir mérité le titre bien honorable de *Restaurateur de la Liberté Françoise!*

D. Quel est le quatrieme devoir du Citoyen?

R. Après la soumission aux Lois, c'est celui de payer avec exactitude et fidélité les contributions publiques: sans les contributions, il ne peut y avoir ni force ni gouvernement; ce seroit voler la Nation et la Société entiere, que de manquer à cette obligation; ce seroit exiger protection et sûreté de sa part, sans concourir de la nôtre aux frais qu'exige cette protection et sûreté; c'est aussi se voler soi-même et manquer à ses propres intérêts, puisque sans des contributions, il ne peut y avoir de sûreté ni pour nos biens ni pour nos personnes.

E

D. Pourquoi dites-vous contribution, et non pas imposition, comme autrefois?

R. Le mot imposition désigne une force étrangere qui contraint les volontés et leur impose une taxe; au lieu que le mot contribution annonce des Hommes qui s'imposent eux-mêmes volontairement. C'est à la Nation, comme nous avons dit, à régler les subsides, la maniere de les lever, leur emploi et leur destination : l'obligation d'y concourir n'en est donc que plus grande de notre part; puisqu'elle a son origine dans notre volonté ou dans celle de nos Représentans.

D. Voilà bien les devoirs du Citoyen envers la société en général, mais n'y en a-t-il pas à remplir à l'égard de chaque individu ou particulier de la Société?

R. Nous devons à chaque particulier de ne rien faire qui puisse nuire à la liberté et à la sûreté dont il doit jouir; c'est le terme où expire notre liberté, comme il est dit dans la déclaration des droits de l'Homme : *La Liberté consiste à pouvoir faire tout ce qui ne nuit pas à autrui.* La morale Evangélique nous oblige de faire à notre prochain tout le bien que nous voudrions qui nous fût fait à nous-mêmes, et la morale politique nous défend au moins de lui faire ce que nous ne voudrions pas nous être fait à nous-mêmes.

D. Qu'est-ce qui peut déterminer ce qui est ou n'est pas nuisible à autrui?

[99]

R. Il n'y a que la Loi, qui défend en général tout ce qui peut attaquer les personnes, leur honneur, leur liberté, leurs propriétés; mais nous n'avons ici pour bien connoître ce qui peut nuire à autrui qu'à invoquer en morale politique, comme en morale évangélique, le témoignage de notre conscience : si nous voulons être de bonne foi avec nous-mêmes, nous devons nous mettre à la place de chacun et nous demander : Si j'étois dans telle ou telle circonstance, serois-je bien aise qu'on se conduisît à mon égard de telle ou telle maniere. La réponse de notre cœur pour nous-mêmes, le sentiment intime de notre conscience, pour ce qui nous regarde, voilà la Loi, voilà notre devoir comme Chrétien. Il en est de même en morale politique : le même moyen peut et doit nous éclairer sur les intérêts d'autrui; puisque si l'Évangile nous dit : Faites à autrui tout le bien que vous voudriez qu'on vous fît à vous-même, la Loi civile vous dit aussi : Ne faites point à autrui ce que vous ne voudriez pas vous être fait à vous-même.

D. Quels sont les motifs qui doivent nous porter à remplir tous les devoirs du Citoyen?

R. Je ne vous proposerai pas la crainte des peines et des châtimens qu'impose la Loi à ses prévaricateurs; ce motif n'est bon que pour contenir les méchans; il est fait pour les ames viles, pour les esclaves, qui ne sentent pas le prix et la dignité du Citoyen ; les ames honnêtes, dignes du civisme et de la liberté, ont des motifs bien plus nobles : il n'y a que l'amour de la Patrie et l'attachement à la Religion qui soient des mobiles dignes d'animer leur cœur, et d'éclairer leurs actions.

L'Honnête Citoyen se dit à lui-même que nous devons aimer une Patrie dans laquelle nous sommes nés ou naturalisés, où nous trouvons la sûreté, la liberté, la dignité, le bonheur, en un mot, qui fait tout pour nous et pour qui nous devons tout faire.

Les devoirs du Citoyen sont aussi prescrits par la Religion Chrétienne, qui nous dit d'être soumis aux Puissances, et qui est le principal fondement et la base la plus sûre des vertus morales et civiques.

D. Quelle est la forme de Gouvernement qui demande le plus de vertus dans ses Citoyens ?

R. C'est celui où le Peuple a le plus de faculté d'exercer ses droits de Citoyen : la seule vertu des esclaves et de ceux qui vivent sous le joug du despotisme, c'est la résignation et l'obéissance ; mais des Citoyens libres, et exerçant souvent le droit d'élection pour leurs Juges ou leurs Représentans, ou qui même sont obligés d'en remplir les fonctions, quand le choix public les y appelle, ont besoin de grandes vertus pour se garantir de la corruption, de l'intrigue, de l'esprit de faction et d'insubordination. L'Etat est en danger, si un sincere amour de la Patrie, du bon ordre et des Lois, ne les contient dans toutes les circonstances, ne les rend inaccessibles à toute suggestion et à toute largesse, en un mot, si les vertus civiles ne sont en eux soutenues par les vertus religieuses.

Les François, en conquérant la liberté, se sont engagés à conquérir aussi des vertus; la mesure de leurs qualités civiques, sera celle de la stabilité de leur Gouvernement et du bonheur qu'on trouvera à vivre dans son sein : et nous aimons à croire que, puisqu'ils se sont montrés dignes de recouvrer cette sainte liberté, ils seront également dignes, par leur courage et leurs vertus, de la conserver.